Einführung in die Multiplikation

Rechengeschenke

Du bekommst Bonbons

von Oma 

von Papa 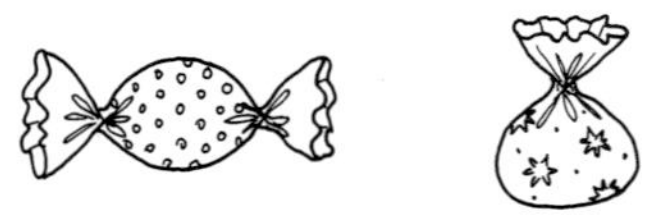

von Alex 

Wie viele Bonbons hast du bekommen?

Oma	Papa	Alex	Das sind zusammen:

2			

Wie viel mal hast du Bonbons bekommen?	Wie viele Bonbons hast du jeweils erhalten?	Wie viele sind das zusammen?
☐ mal	☐	☐

Du kannst auch schreiben:

$3 \cdot 2 = 6$

Einführung in die Multiplikation

Du siehst eine Geburtstagstorte mit Kerzen.

Eine Torte hat ☐ Kerzen.

Wie viele Kerzen haben zwei Torten?

3 + 3	2 · 3

Zwei Torten haben ☐ Kerzen.

Trick 1:

In jeder Malaufgabe steckt auch eine Plusaufgabe.

Einführung in die Multiplikation

Wie viele Kerzen sind es?

3 + 3 + 3 = ☐

3 mal 3 3 · 3 = ☐

3 + 3 + 3 +
3 + 3 = ☐

5 mal 3 5 · 3 = ☐

3 + 3 + 3 + 3 = ☐

☐ mal ☐ ☐ · ☐ = ☐

3

☐ mal ☐ ☐ · ☐ = ☐

3 + 3 + 3 + 3 +
3 + 3 + 3 = ☐

☐ mal ☐ ☐ · ☐ = ☐

3 + 3 = 3

☐ mal ☐ ☐ · ☐ = ☐

3 + 3 + 3 + 3 +
3 + 3 + 3 + 3 = ☐

☐ mal ☐ ☐ · ☐ = ☐

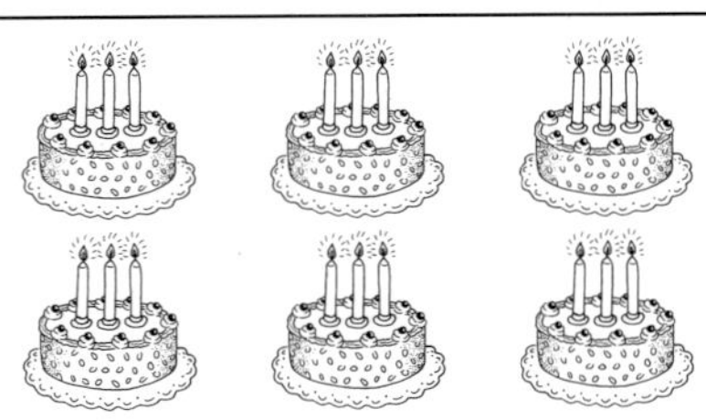

3 + 3 + 3 +
3 + 3 + 3 = ☐

☐ mal ☐ ☐ · ☐ = ☐

Einführung in die Multiplikation

Wie viele Blätter haben die Pflanzen?
Schreibe die Plus- und Malaufgabe!

3 + 3 + 3 = ☐

3 · 3 = ☐

6 + 6 + 6 + 6 = ☐

☐ · ☐ = ☐

☐

☐ · ☐ = ☐

2 + ☐ + ☐ +
☐ + ☐ = ☐

☐ · ☐ = ☐

4 + ☐ + ☐ + ☐ +
☐ + ☐ + ☐ = ☐

☐ · ☐ = ☐

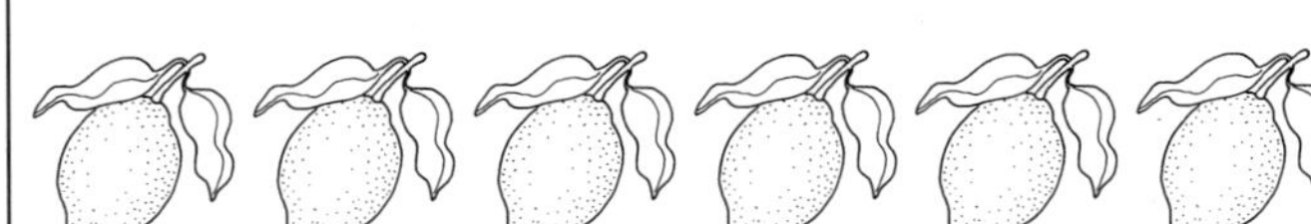

☐ + ☐ + ☐ + ☐ +
☐ + ☐ = ☐

☐ · ☐ = ☐

☐ + ☐

☐ · ☐ = ☐

Nanu?

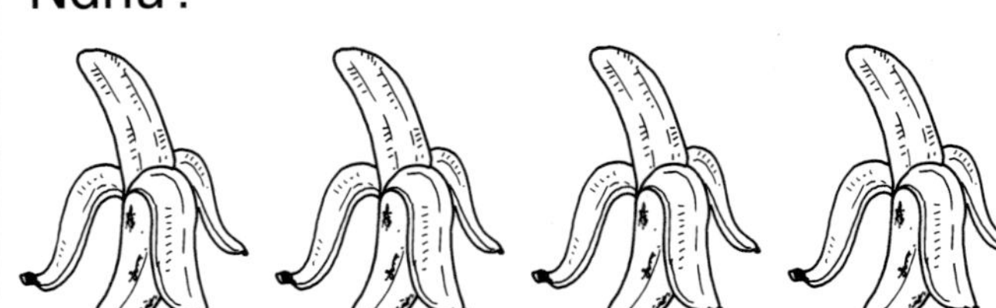

☐ + ☐ + ☐ + ☐ = ☐

☐ · ☐ = ☐

Einführung in die Multiplikation

Wie viele Beine haben die Tiere?
Schreibe die Plus- und Malaufgabe.

□ + □ + □ + □ = □

□ · □ = □

□ + □ + □ = □

□ · □ = □

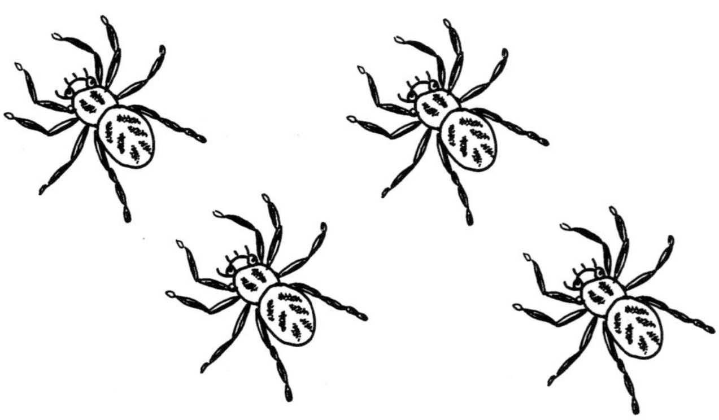

□ + □ + □ + □ = □

□ · □ = □

□ + □ + □ +
□ + □ = □

□ · □ = □

□ + □ + □ + □ +
□ + □ = □

□ · □ = □

Nanu?

□ + □ = □

□ · □ = □

Einführung in die Multiplikation

Schreibe die Plus- und Malaufgabe.

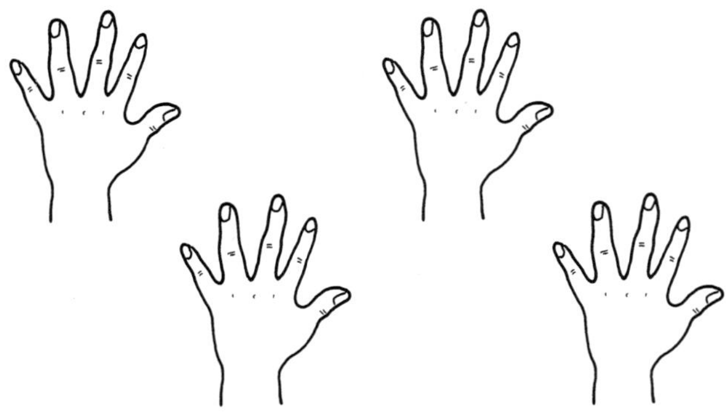

☐ + ☐ + ☐ + ☐ = ☐

☐ · ☐ = ☐

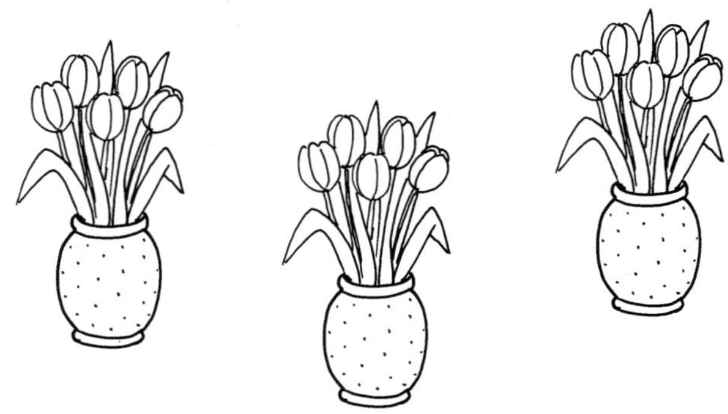

☐ + ☐ + ☐ = ☐

☐ · ☐ = ☐

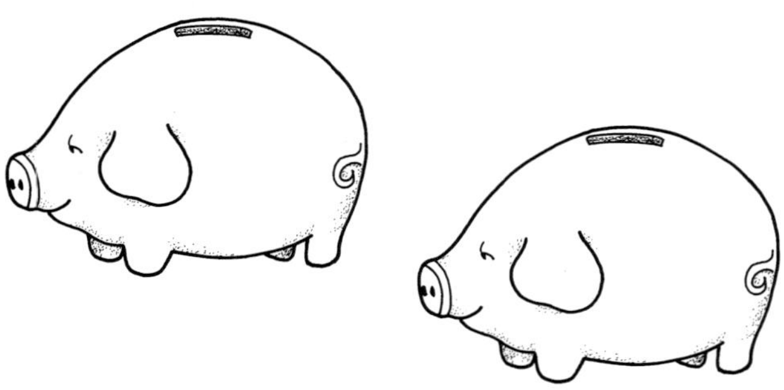

☐ + ☐ = ☐

☐ · ☐ = ☐

☐ + ☐ + ☐ = ☐

☐ · ☐ = ☐

☐ + ☐ + ☐ = ☐

☐ · ☐ = ☐

Nanu?

☐ + ☐ + ☐ + ☐ +

☐ + ☐ = ☐

☐ · ☐ = ☐

Ulrike Kreye: Mathematik in Wochenplänen: 1 x 1

Persen® Bergedorfer®
Best.-Nr. 2479

Einführung in die Multiplikation

Wie viele Blätter sind an den Zweigen?
Schreibe die Plus- und Malaufgabe.

☐ ☐ ☐ ☐

☐ · ☐ = ☐

☐ ☐ ☐ ☐
☐ ☐ ☐

☐ · ☐ = ☐

☐ ☐ ☐ ☐
☐ ☐ ☐ ☐ ☐

☐ · ☐ = ☐

☐ ☐ ☐ ☐ ☐

☐ · ☐ = ☐

☐

☐ · ☐ = ☐

☐ ☐ ☐ ☐
☐ ☐ ☐ ☐
☐ ☐ ☐

☐ · ☐ = ☐

Persen® Bergedorfer®
Best.-Nr. 2479

Einführung in die Multiplikation

Schreibe die Plus- und die Malaufgabe.

☐ + ☐ + ☐ + ☐ +
☐ + ☐ = ☐
☐ · ☐ = ☐

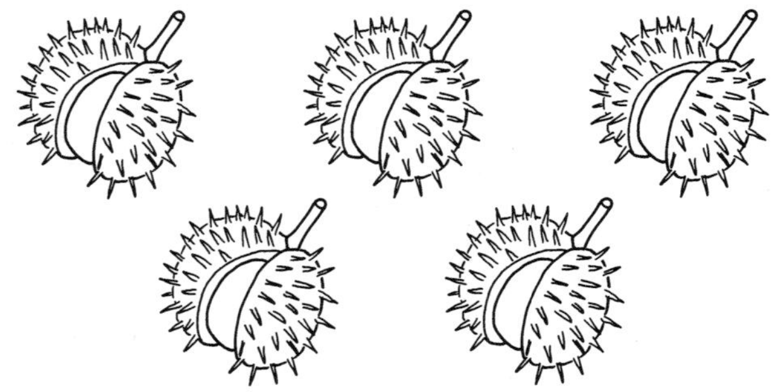

☐ + ☐ + ☐ +
☐ + ☐ = ☐
☐ · ☐ = ☐

☐ + ☐ + ☐ + ☐ = ☐
☐ · ☐ = ☐

☐ + ☐ = ☐
☐ · ☐ = ☐

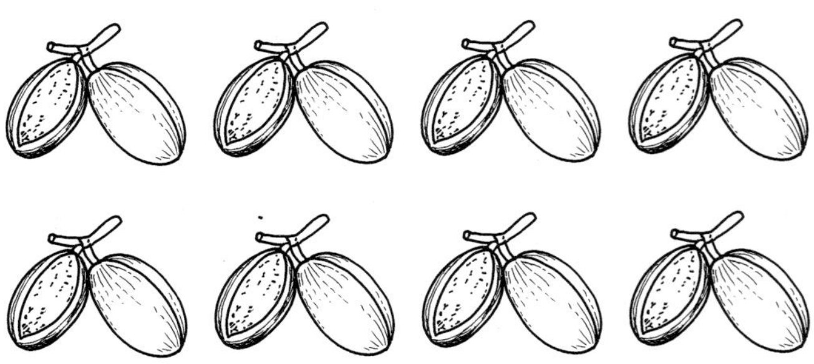

☐ ☐ ☐ ☐ ☐
☐ ☐ ☐ ☐
☐ · ☐ = ☐

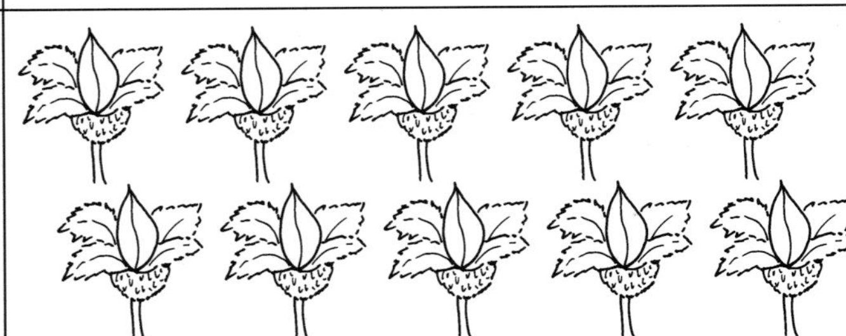

☐ ☐ ☐ ☐
☐ ☐ ☐ ☐
☐ ☐ ☐
☐ · ☐ = ☐

Persen® Bergedorfer®
Best.-Nr. 2479

Einführung in die Multiplikation

Hier siehst du Stängel mit Hagebutten.
Schreibe die Plus- und Malaufgabe.

□ + □ + □ = □

□ · □ = □

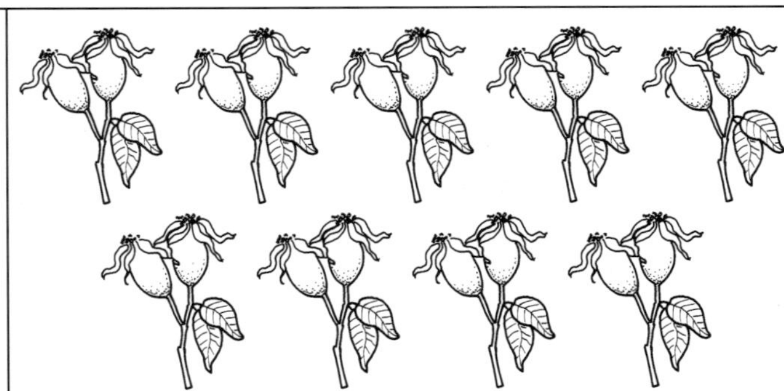

□ □ □ □ □

□ □ □ □ □

□ · □ = □

□ □ □ □

□ □ □ □

□ · □ = □

□ + □ = □

□ · □ = □

□

□ · □ = □

□ □ □

□ □ □

□ · □ = □

Persen® Bergedorfer®
Best.-Nr. 2479

Einführung in die Multiplikation

Jede Blume hat andere Blütenblätter.
Schreibe dazu die Plus- und die Malaufgabe.

□ □ □

□ · □ = □

□ □ □ □
□ □ □

□ · □ = □

□ □ □ □ □

□ · □ = □

□ □ □ □ □
□ □ □ □

□ · □ = □

□ □ □ □

□ · □ = □

Nanu?

□

□ · □ = □

Einführung in die Multiplikation

Schreibe die Plus- und die Malaufgabe.

☐ ☐ ☐ ☐ ☐

☐ · ☐ = ☐

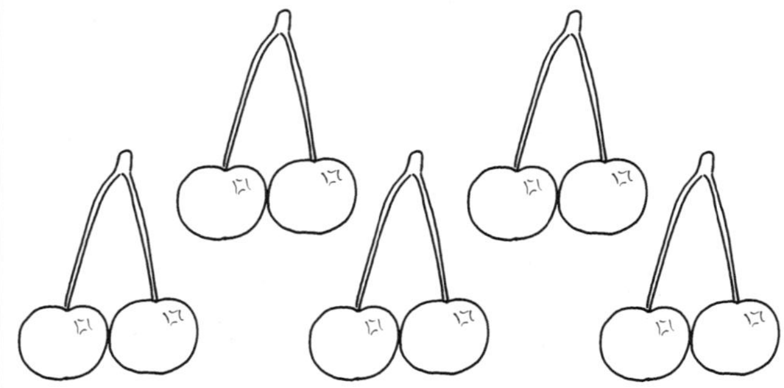

☐ ☐ ☐

☐ ☐ ☐

☐ · ☐ = ☐

☐ ☐ ☐ ☐

☐ ☐ ☐ ☐

☐ · ☐ = ☐

☐ ☐ ☐

☐ · ☐ = ☐

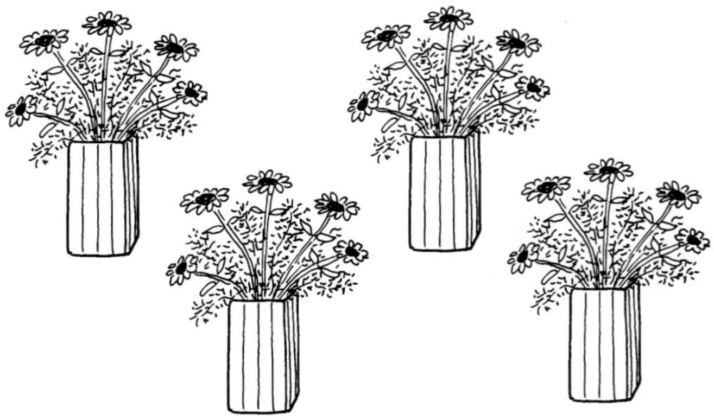

☐ ☐ ☐ ☐ ☐

☐ · ☐ = ☐

Nanu?

☐

☐ · ☐ = ☐

Persen® Bergedorfer®
Best.-Nr. 2479

Einführung in die Multiplikation

Trick-Kiste 12

Male zu den Plusaufgaben ein Bild und schreibe die Malaufgabe.

2 + 2 + 2 + 2 = ☐ ☐ · ☐ = ☐

6 + 6 = ☐ ☐ · ☐ = ☐

4 + 4 + 4 = ☐ ☐ · ☐ = ☐

Schreibe zu jedem Drachen eine Plus- und eine Malaufgabe.

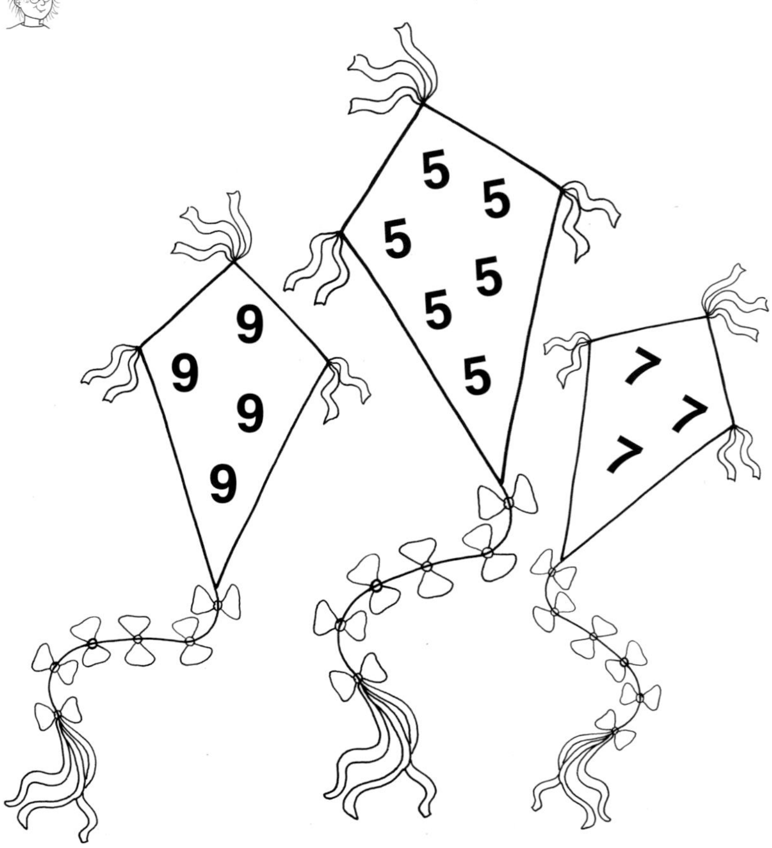

+ ____________________

· ____________________

+ ____________________

· ____________________

+ ____________________

· ____________________

Einmaleins mit 10

Wie viele Zehnerstangen siehst du?

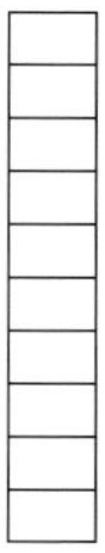

10

1 · 10 = ☐

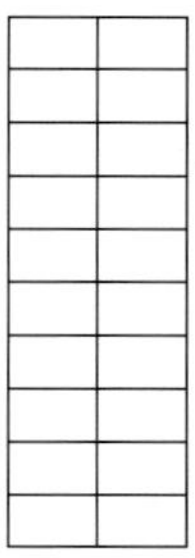

10 + 10

2 · 10 = ☐

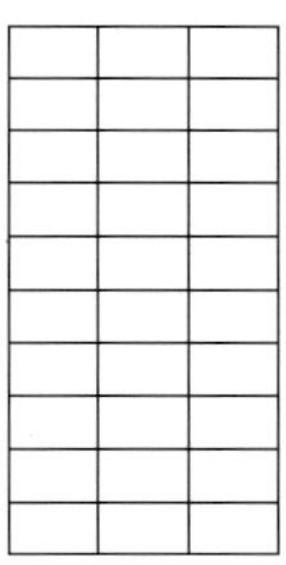

10 + 10 + 10

3 · 10 = ☐

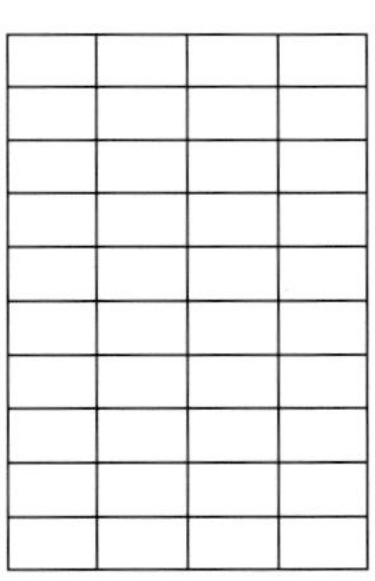

10 + 10 + 10 + 10

4 · ☐ = ☐

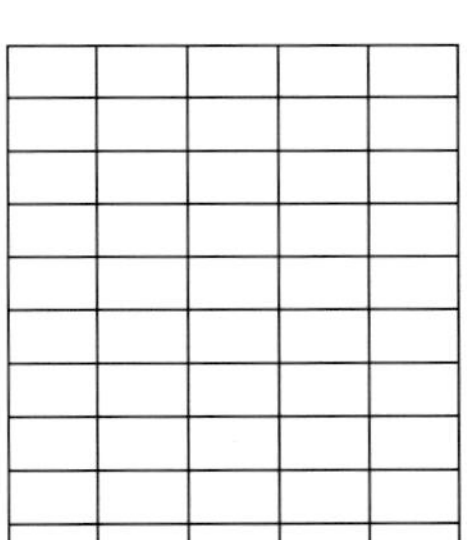

10 + 10 + 10 + 10 + 10

5 · ☐ = ☐

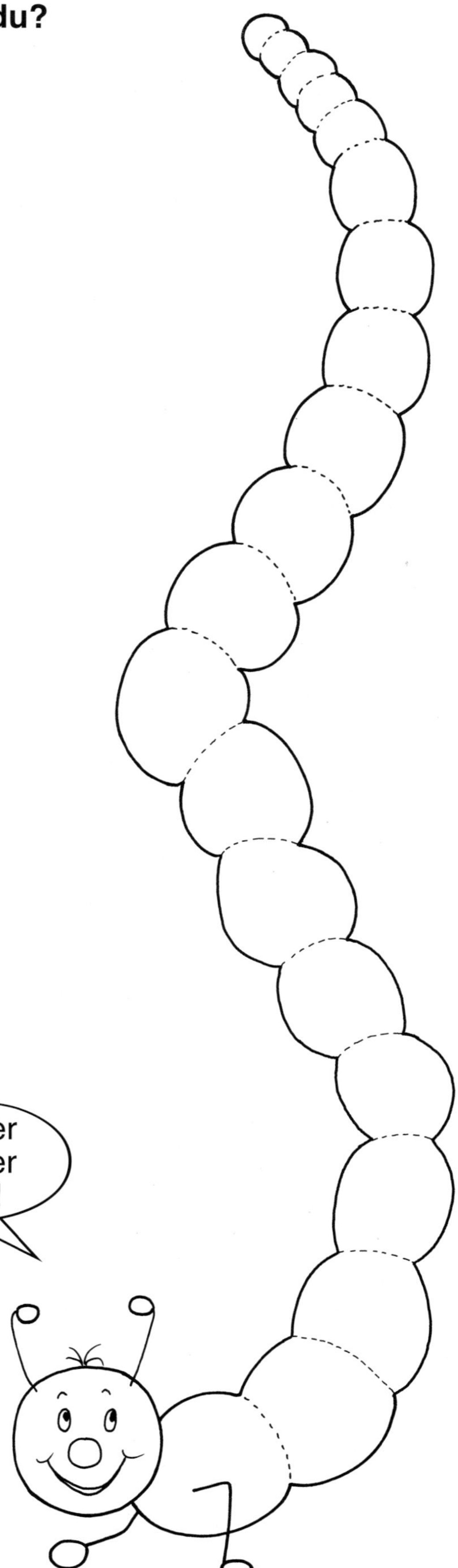

☐ · ☐ = ☐

Einmaleins mit 10

Wie viele Zehnerstangen siehst du?

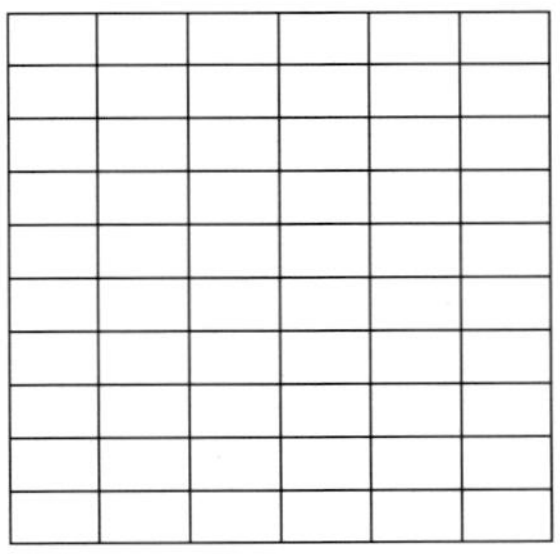

10 + 10 + 10 + 10 + 10 + 10

6 · ☐ = ☐

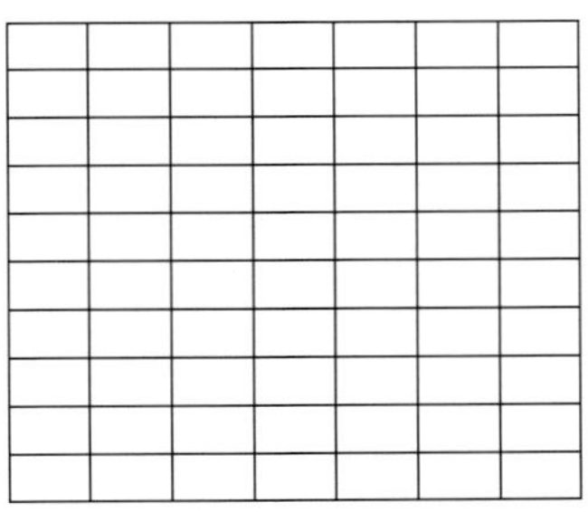

10 + 10 + 10 + 10 + 10 + 10 + 10

7 · ☐ = ☐

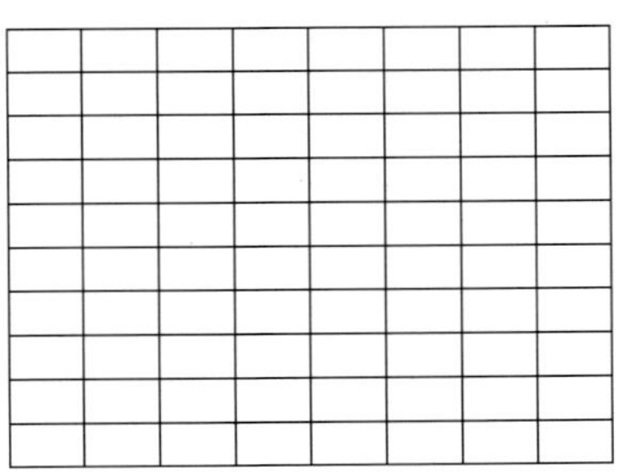

10 + 10 + 10 + 10 + 10 + 10 + 10 + 10

8 · ☐ = ☐

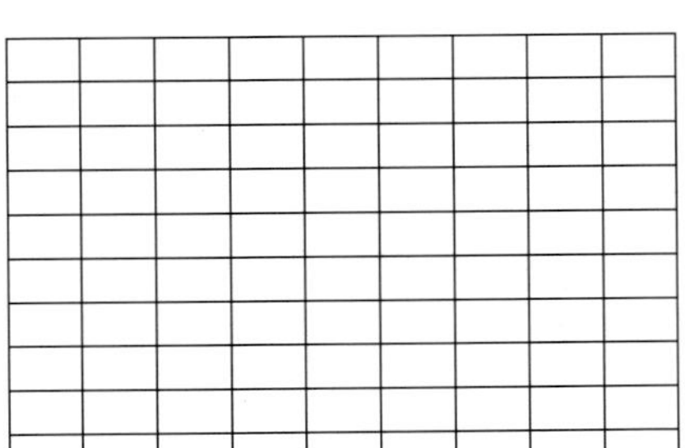

10 + 10 + 10 + 10 + 10 + 10 + 10 + 10 + 10

9 · ☐ = ☐

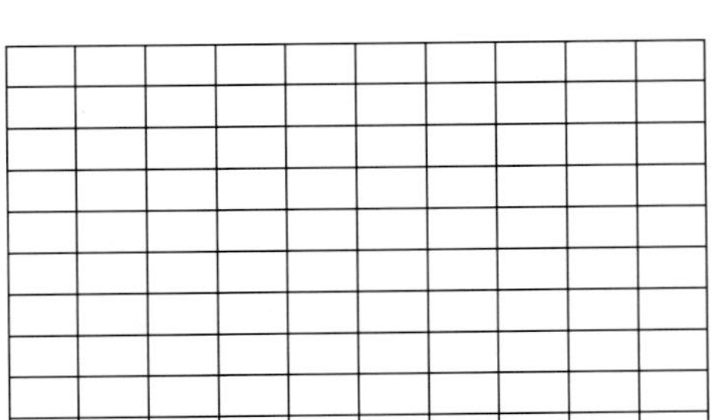

10 + 10 + 10 + 10 + 10 + 10 + 10 + 10 + 10 + 10

10 · ☐ = ☐

☐ · ☐ = ☐

Einmaleins mit 10

Schreibe zu jeder Plusaufgabe die Malaufgabe.

Plusaufgabe	Malaufgabe
10	[1] · [10] = [10]
10 + 10	[2] · [10] = [ ]
10 + 10 + 10	[3] · [ ] = [ ]
10 + 10 + 10 + 10	[ ] · [ ] = [ ]
10 + 10 + 10 + 10 + 10	[ ] · [ ] = [ ]
10 + 10 + 10 + 10 + 10 10	[ ] · [ ] = [ ]
10 + 10 + 10 + 10 + 10 10 + 10	[ ] · [ ] = [ ]
10 + 10 + 10 + 10 + 10 10 + 10 + 10	[ ] · [ ] = [ ]
10 + 10 + 10 + 10 + 10 10 + 10 + 10 + 10	[ ] · [ ] = [ ]
10 + 10 + 10 + 10 + 10 10 + 10 + 10 + 10 + 10	[ ] · [ ] = [ ]

•	3	6	7	10	8	2	1	9	4	5
10	30									

Einmaleins mit 10

Zähle die Ergebnisse zusammen und vergleiche sie mit den Lösungen.

60 = ☐ · 10
40 = ☐ · 10
90 = ☐ · 10
50 = ☐ · 10
80 = ☐ · 10
☐

20 = ☐ · 10
100 = ☐ · 10
70 = ☐ · 10
10 = ☐ · 10
30 = ☐ · 10
☐

Lösungen

32 23

Male die Zahlen der Zehnerreihe bunt an.

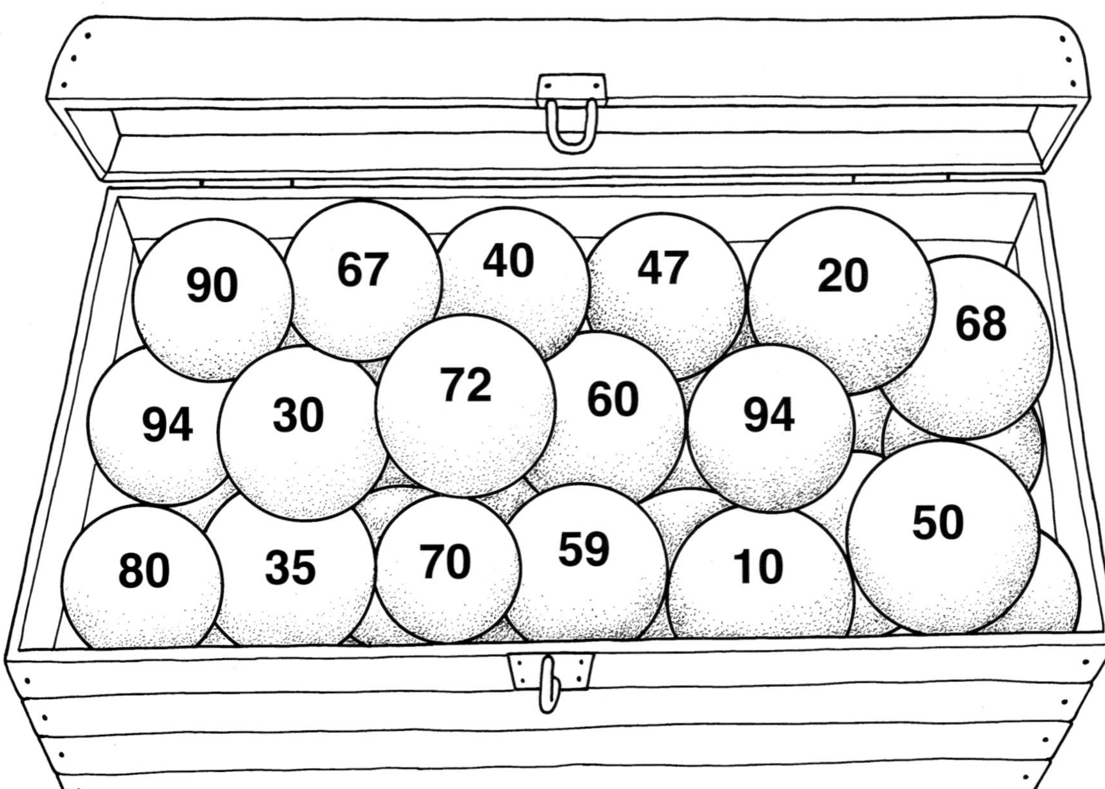

Welche Zehnerzahl fehlt? ☐

Einmaleins mit 10

Ergänze die fehlenden Zahlen.

60 =	6	·	10	
30 =	☐	·	10	
20 =	☐	·	10	
90 =	☐		☐	
40 =	☐		☐	
80 =	☐		☐	
50 =	☐		☐	

65 =	6	·	10	+	5
36 =	☐	·	10	+	☐
29 =	☐		☐		☐
91 =	☐		☐		☐
44 =	☐		☐		☐
81 =	☐		☐		☐
54 =	☐		☐		☐

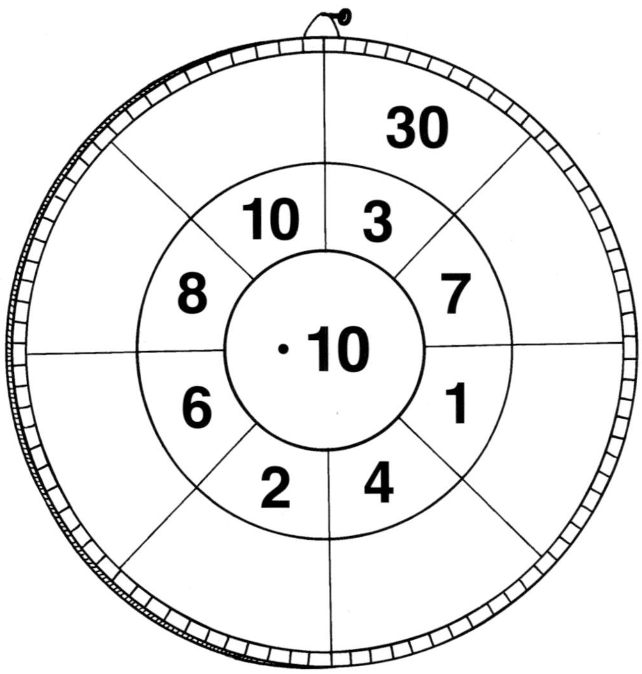

9	·	10	=	☐
3	·	10	=	☐
6	·	10	=	☐
8	·	10	=	☐
5	·	10	=	☐

2	·	10	+	3	=	☐
3	·	10	+	2	=	☐
2	·	10	–	2	=	☐
6	·	10	+	3	=	☐
9	·	10	–	9	=	☐

Einmaleins mit 10

6 Trick-Kiste

Verbinde richtig.

· 10	
3	20
9	50
5	30
8	40
1	90
4	80
7	70
2	100
10	10

(3 → 30)

Streiche die falschen Ergebnisse durch.

6 · 10 =	60	~~70~~	~~50~~
3 · 10 =	20	30	40
2 · 10 =	30	10	20
5 · 10 =	60	40	50
9 · 10 =	70	90	50
1 · 10 =	100	10	60
8 · 10 =	70	40	80
4 · 10 =	40	30	50
10 · 10 =	10	100	50
7 · 10 =	80	60	70

Ergänze.

Einmaleins mit 10

Streiche die falschen Aufgaben durch.

3 + 10 = 30	10 · 10 = 100
2 · 10 = 20	9 · 10 = 70
10 · 9 = 90	6 · 10 = 90
5 · 10 = 50	6 · 10 = 60
3 + 10 = 80	5 + 10 = 50
10 · 6 = 90	2 · 10 = 10
8 + 10 = 80	6 · 10 = 90

Male an.

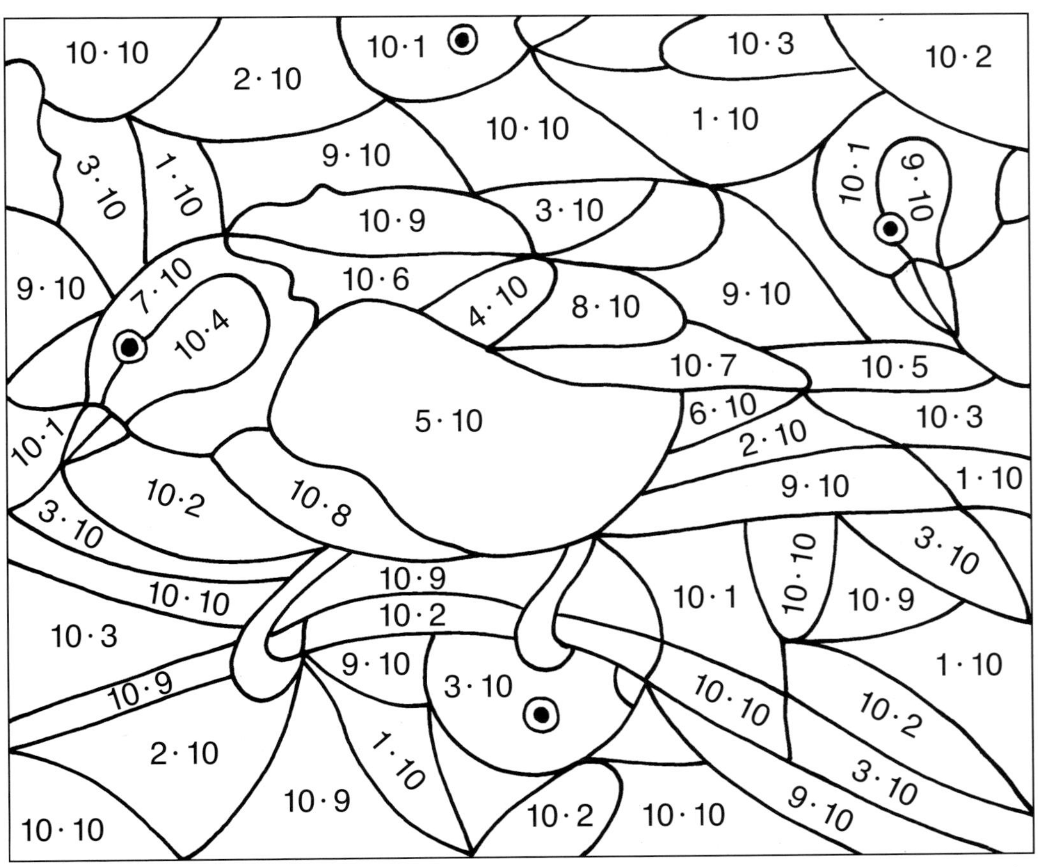

40 = grün
50 = rot
60 = braun
70 = blau
80 = gelb

Einmaleins mit 10

Rechne die Ergebnisse zusammen.
Vergleiche sie mit den Lösungen.

10 · 10 – 90 = ☐	☐ · 10 = 50
3 · 10 – 5 = ☐	☐ · 10 = 70
6 · 10 – 40 = ☐	☐ · 10 = 20
8 · 10 – 60 = ☐	☐ · 10 = 10
9 · 10 – 70 = ☐	☐ · 10 = 40
☐	☐

Lösungen

19 95

Verbinde die 10er Zahlen in der richtigen Reihenfolge.

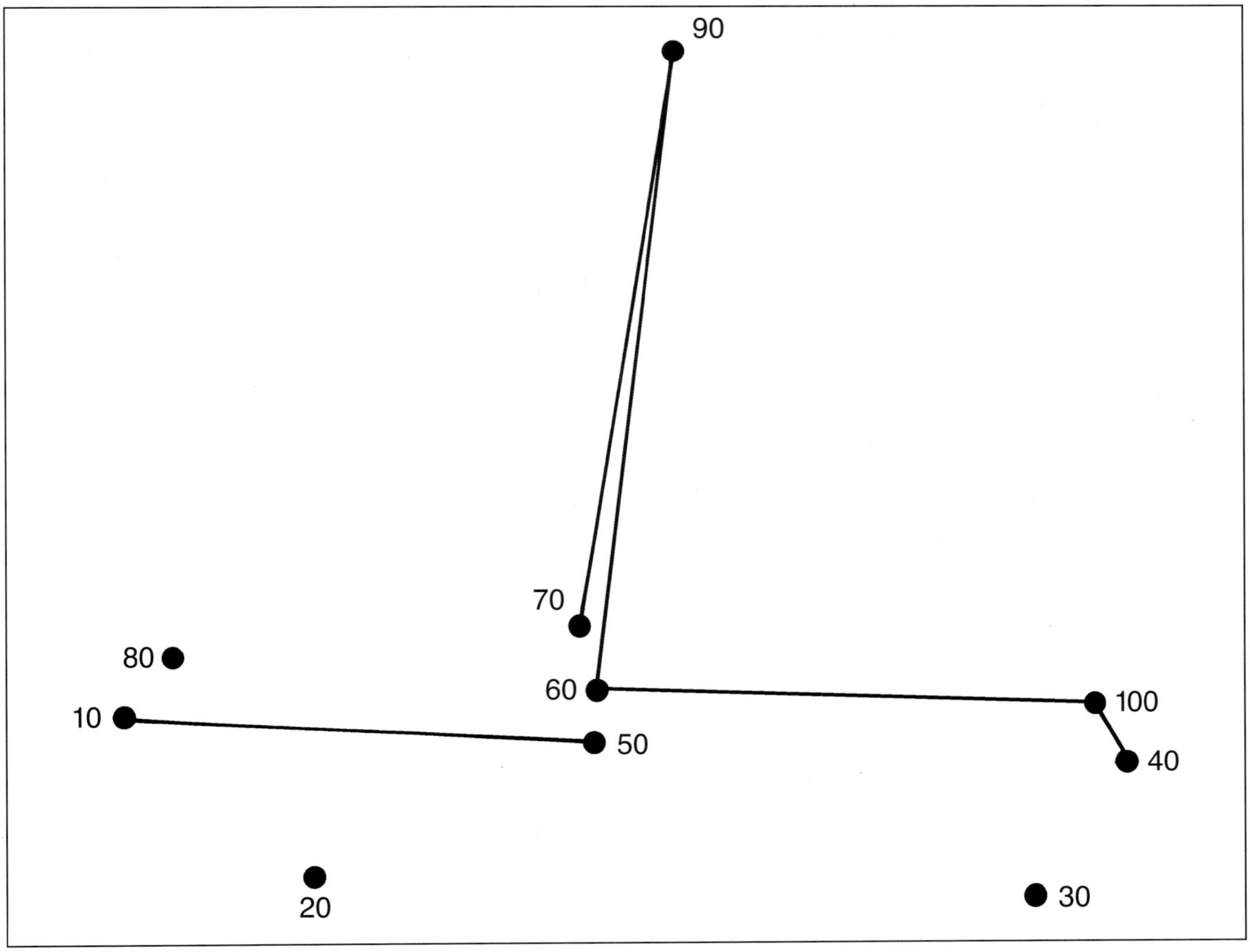

Einmaleins mit 10

Kannst du es?

1. Schreibe die Plus- und die Malaufgabe.

☐ Vasen mit je ☐ Blumen

2. Welche Aufgaben gehören zusammen?
Rechne aus und verbinde.

10 + 10 + 10 + 10 + 10 + 10 + 10 = ☐	2 · 10 = ☐
10 + 10 + 10 = ☐	7 · 10 = ☐
10 + 10 + 10 + 10 + 10 + 10 = ☐	6 · 10 = ☐
10 + 10 = ☐	3 · 10 = ☐

3. Rechne aus.

10 · 7 = ☐	10 · 10 = ☐	30 = ☐ · 10
2 · 10 = ☐	10 · 5 = ☐	40 = ☐ · 10
4 · 10 = ☐	8 · 10 = ☐	80 = ☐ · 10

Persen® Bergedorfer®
Best.-Nr. 2479

Einmaleins mit 2

Kannst du die Aufgaben rechnen?

2

1 · 2 =

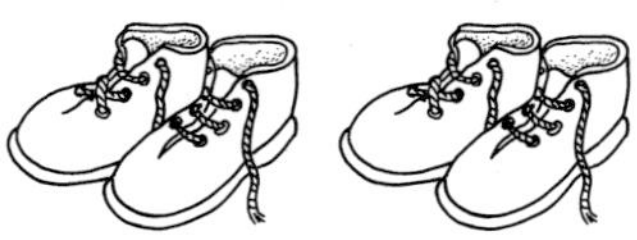

2 + 2 =

2 · 2 =

2 + 2 + 2 =

3 · 2 =

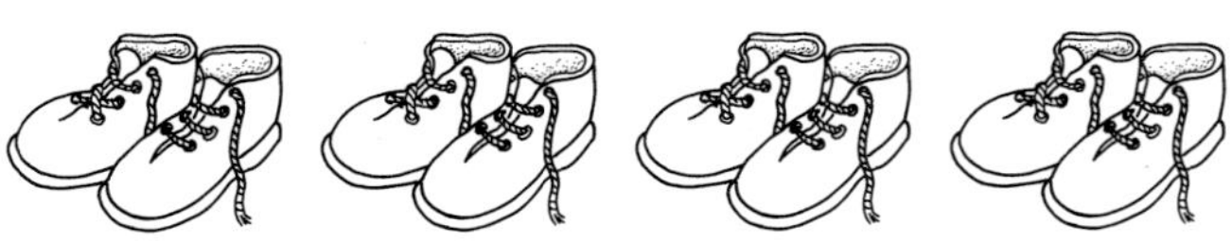

2 + 2 + 2 + 2 =

4 · 2 =

2 + 2 + 2 + 2 + 2 =

5 · 2 =

Einmaleins mit 2

Schreibe zu jeder Plusaufgabe die Malaufgabe.

2	1 · 2 = 2
2 + 2 =	2 · 2 = ☐
2 + 2 + 2 =	3 · 2 = ☐
2 + 2 + 2 + 2 =	4 · ☐ = ☐
2 + 2 + 2 + 2 + 2 =	☐ · ☐ = ☐
2 + 2 + 2 + 2 + 2 + 2 =	☐ · ☐ = ☐
2 + 2 + 2 + 2 + 2 + 2 + 2 =	☐ · ☐ = ☐
2 + 2 + 2 + 2 + 2 + 2 + 2 + 2 =	☐ · ☐ = ☐
2 + 2 + 2 + 2 + 2 + 2 + 2 + 2 + 2 =	☐ · ☐ = ☐
2 + 2 + 2 + 2 + 2 + 2 + 2 + 2 + 2 + 2 =	☐ · ☐ = ☐

•	3	6	7	2	8	10	1	9	4	5
2										

Einmaleins mit 2

1 · 2 = ☐ → 2 · 2 = ☐ → 4 · 2 = ☐

Schreibe die Plus- und Malaufgabe.

2	+	2	=	☐		2	·	2	=	☐
3	+	3	=	☐		2	·	3	=	☐
4	+	☐	=	☐		☐		☐		☐
5		☐	=	☐		☐		☐		☐
6		☐		☐		☐		☐		☐
7		☐		☐		☐		☐		☐
8		☐		☐		☐		☐		☐
9		☐		☐		☐		☐		☐
10		☐		☐		☐		☐		☐

1 · 2 = 2
2 · 2 = ☐
4 · 2 = ☐
8 · 2 = ☐

3 · 2 = 6
6 · 2 = ☐

5 · 2 = 10
10 · 2 = ☐

Einmaleins mit 2

Welche Malaufgaben sind das?

2 · □ = □

3 · □ = □

Also:

2 · 3 = □

□ · □ = □

2 · □ = □

□ · □ = □

Also:

□ · □ = □

□ · □ = □

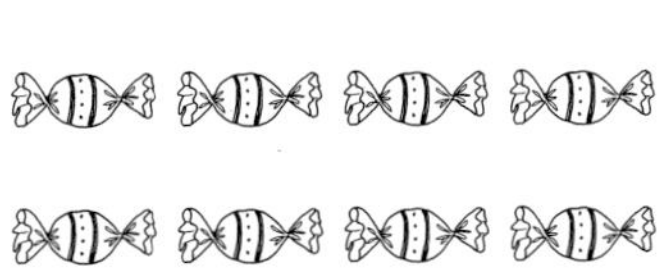

□ · □ = □

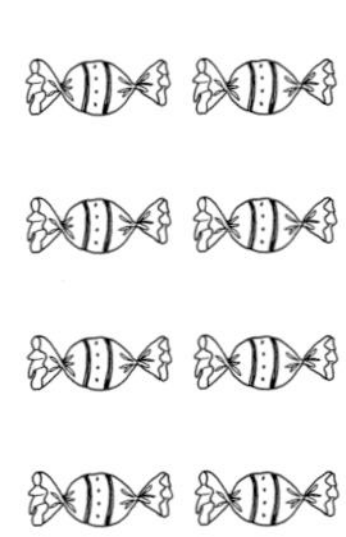

□ · □ = □

Also:

□ · □ = □

□ · □ = □

Bergedorfer®
Best.-Nr. 2479

Einmaleins mit 2

5 Trick-Kiste

Du kannst selbst Tauschaufgaben malen.
Schreibe die Aufgaben auf.

2 mal 6 Äpfel 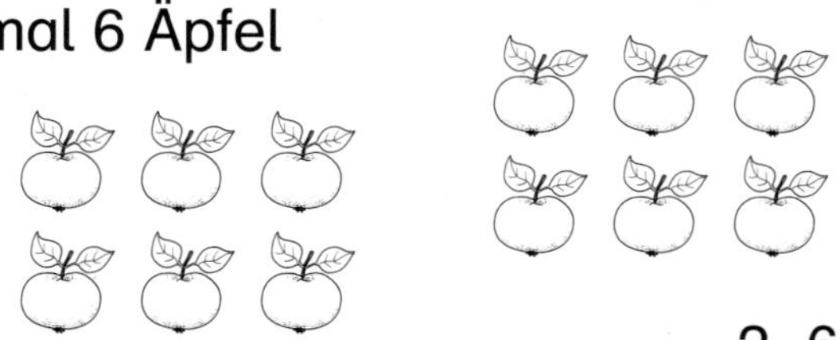 $2 \cdot 6 = 12$	6 mal 2 Äpfel  $6 \cdot 2 = 12$
2 mal 3	3 mal 2
10 mal 2	2 mal 10
4 mal 2	2 mal 4
3 mal 4	4 mal 3

Schreibe und rechne die Tauschaufgaben.

2 · 5 = ☐	10 · 3 = ☐	8 · 2 = ☐
5 · ☐ = ☐	3 · ☐ = ☐	☐ · ☐ = ☐
2 · 6 = ☐	4 · 10 = ☐	7 · 2 = ☐
☐ · ☐ = ☐	☐ · ☐ = ☐	☐ · ☐ = ☐

Einmaleins mit 2

Schreibe Tauschaufgaben auf. Rechne.

2	·	3	=		3	·	2	=	
2	·	4	=			·	2	=	
2	·						2		
2							2		
2							2		
2							2		
2							2		
2							2		

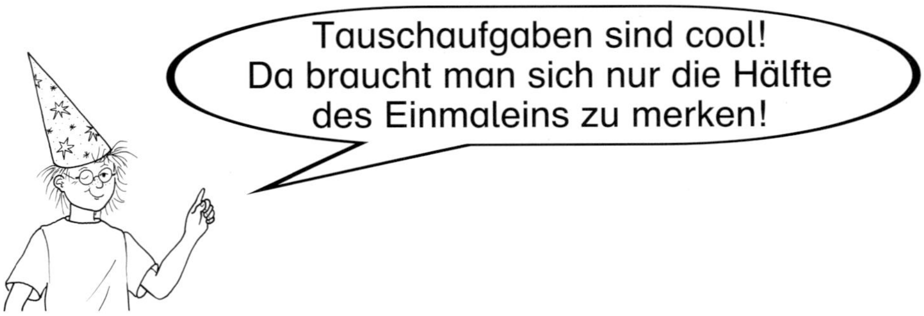

Kannst du es auch mit dem Zehnereinmaleins?

2	·	10	=		10	·	2	=	
9	·	10	=						
7	·	10	=						
3	·	10	=						
6	·	10	=						
4	·	10	=						
8	·	10	=						
1	·	10	=						
5	·	10	=						

Einmaleins mit 2

Trick 4:

Du kannst auch durch eine Malaufgabe **und** eine Plus- oder Minusaufgabe zu einem Ergebnis kommen.

Beispiel: Du weißt das Ergebnis der Aufgabe 7 · 2 nicht.

Aber du kennst das Ergebnis von 6 · 2. Dann rechnest du:	Oder du kennst das Ergebnis von 8 · 2. Dann rechnest du:
6 · 2 + 1 · 2 = ☐ oder:	8 · 2 – 1 · 2 = ☐ oder:
6 · 2 + 2 = ☐	8 · 2 – 2 = ☐

Prüfe, wie du zum gleichen Ergebnis kommst.
Streiche die falschen Schlangen durch.

7 · 2 = 14

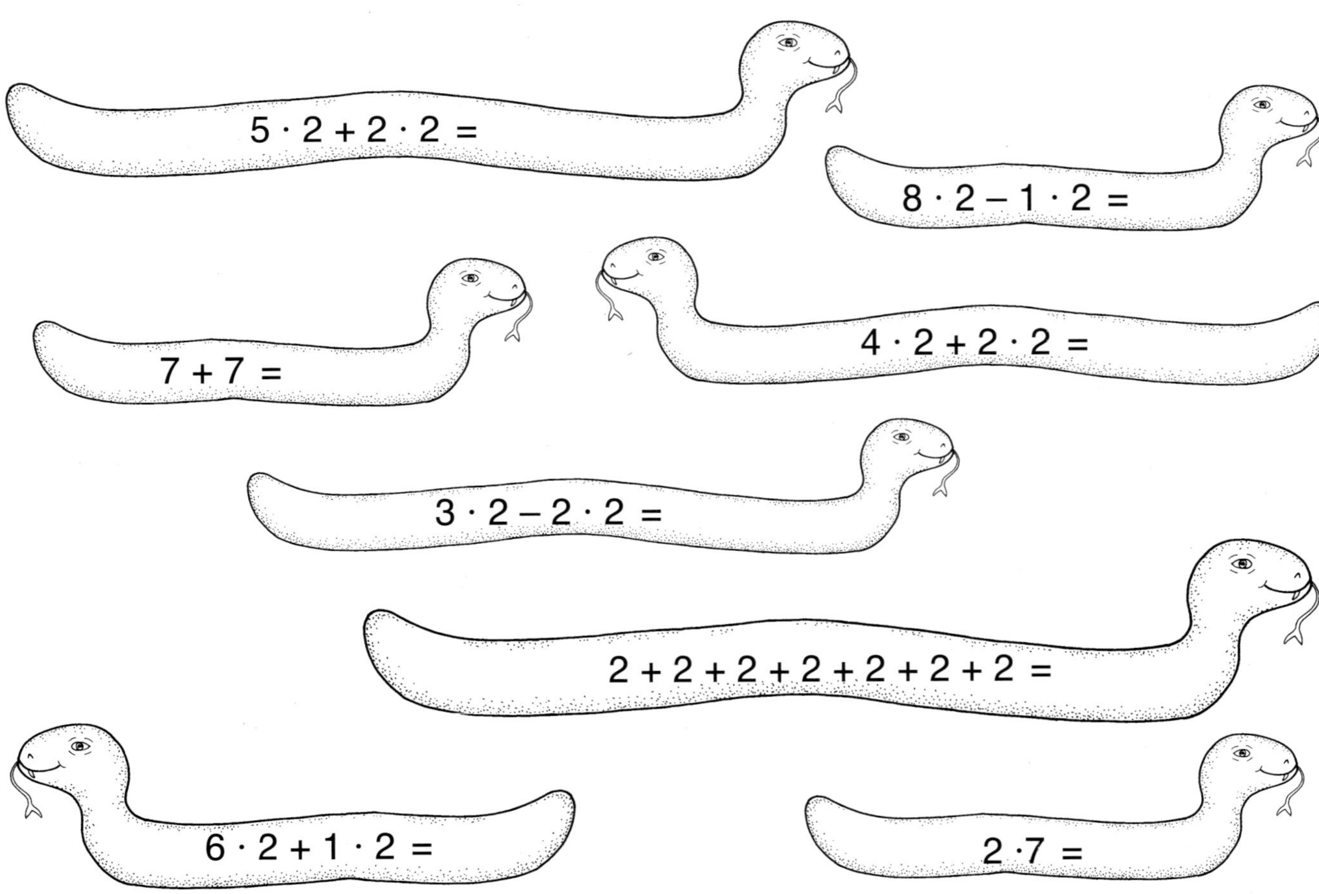

Einmaleins mit 2

Rechne aus und male.

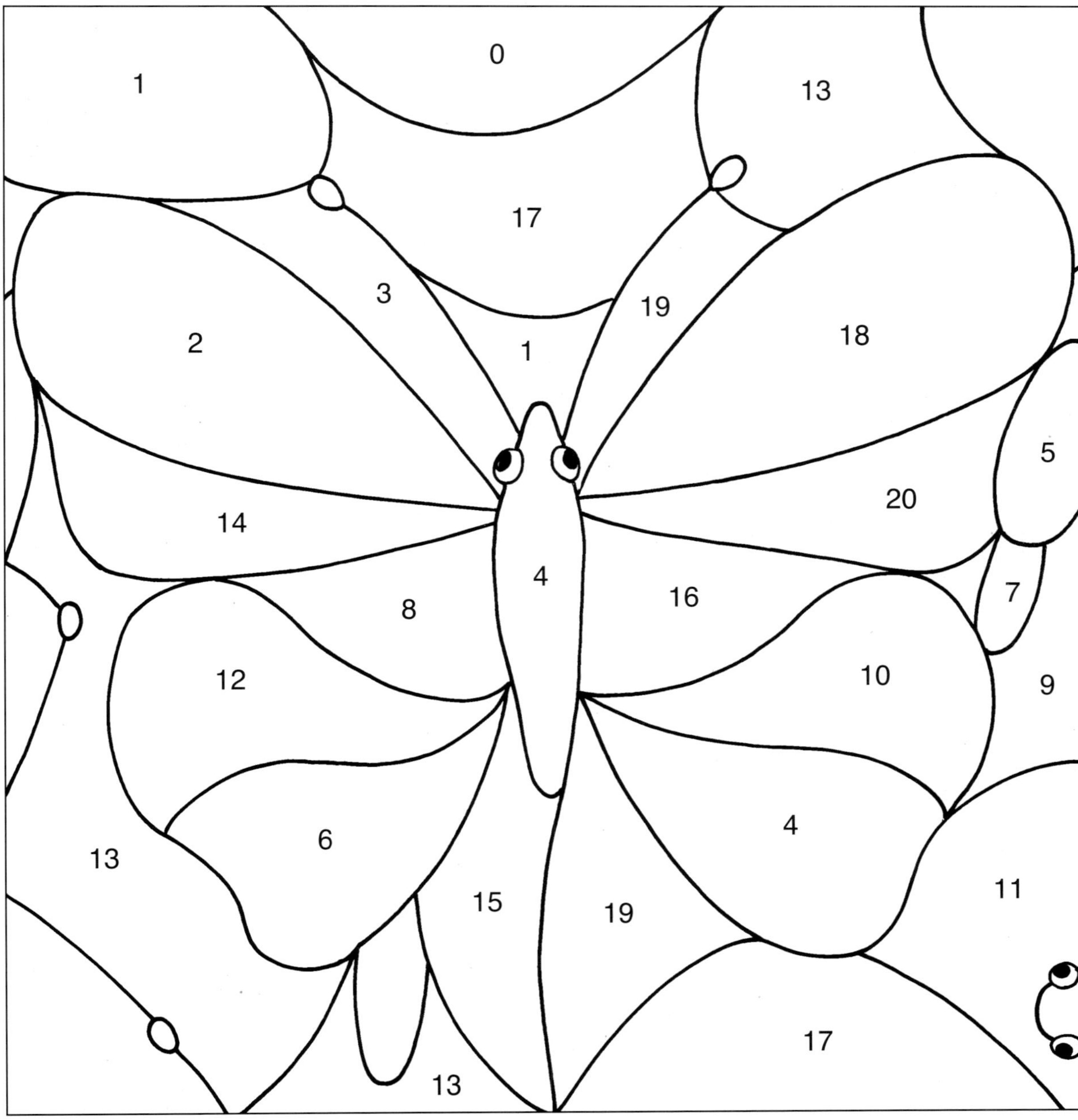

rot

2 · 6 = ☐

10 · 2 = ☐

gelb

3 · 2 = ☐

2 · 9 = ☐

grün

2 · 8 = ☐

1 · 2 = ☐

blau

5 · 2 = ☐

2 · 7 = ☐

braun

4 · 2 = ☐

2 · 2 = ☐

Einmaleins mit 2

Trick-Kiste 9

Vergleiche die Summe der Ergebnisse mit den Lösungszahlen in den Kästchen.

2 · ☐ = 14		2 · ☐ = 4		2 · ☐ = 10	
2 · ☐ = 16		2 · ☐ = 18		2 · ☐ = 4	
2 · ☐ = 20		2 · ☐ = 8		2 · ☐ = 12	
2 · ☐ = 6		2 · ☐ = 2		2 · ☐ = 6	
☐	28	☐	16	☐	16

2 · ☐ = 16		2 · ☐ = 4		2 · ☐ = 20	
2 · ☐ = 8		2 · ☐ = 6		2 · ☐ = 18	
2 · ☐ = 14		2 · ☐ = 10		2 · ☐ = 6	
2 · ☐ = 0		2 · ☐ = 2		2 · ☐ = 12	
☐	19	☐	11	☐	28

Wie kann man die Aufgabe noch rechnen?
Streiche die falsche Schlange durch.

9 · 2

2 + 2 + 2 + 2 + 2 + 2 + 2 + 2 + 2 =

2 · 9 =

6 · 2 =

3 · 2 + 3 · 2 + 3 · 2 =

5 · 2 + 4 · 2 =

10 · 9 – 2 =

8 · 2 + 2 =

Einmaleins mit 2

Wie kann man die Aufgabe noch rechnen? **6 · 2**
Verbinde die richtigen Luftballons mit dem Ergebnis.

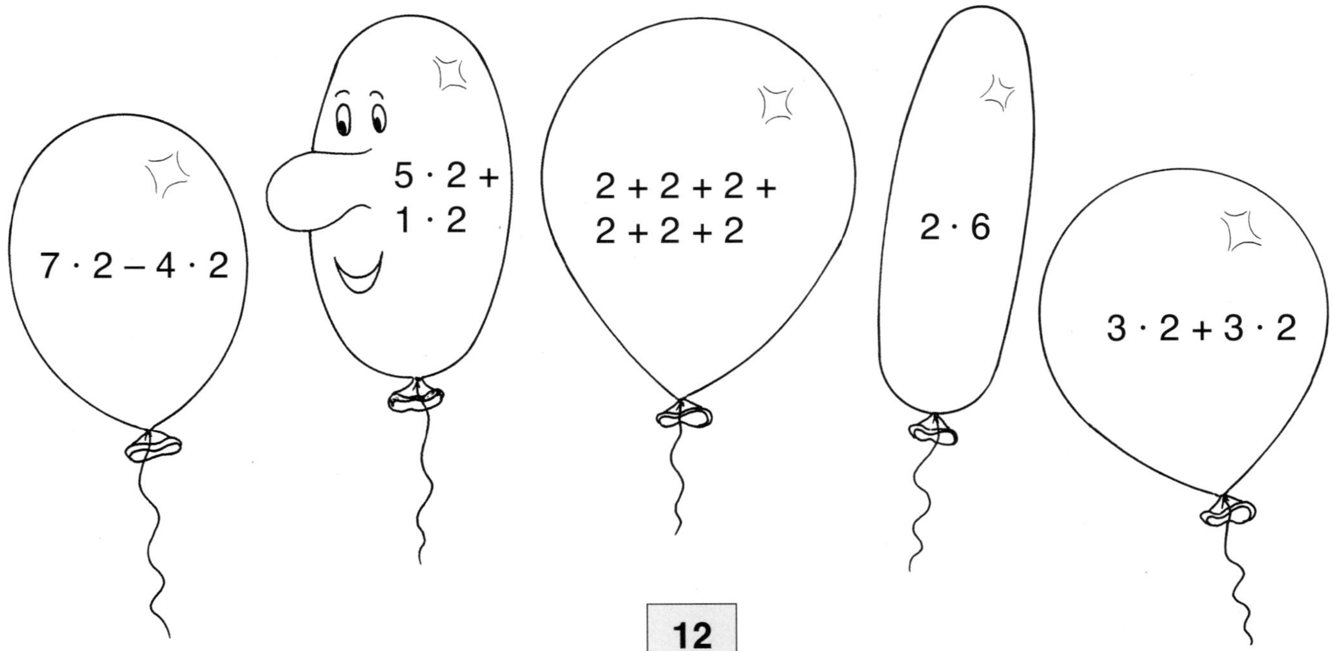

12

Vergleiche die Summe der Ergebnisse mit den Lösungszahlen in den Kästchen.

27 = 10 · 2 + ☐
17 = 4 · 2 + ☐
25 = 10 · 2 + ☐
23 = 7 · 2 + ☐
☐ 30

21 = 6 · 2 + ☐
22 = 6 · 2 + ☐
24 = 10 · 2 + ☐
20 = 8 · 2 + ☐
☐ 27

14 = 2 · 2 + ☐
20 = 5 · 2 + ☐
23 = 8 · 2 + ☐
12 = 2 · 2 + ☐
☐ 35

18 = 9 · 2 + ☐
17 = 5 · 2 + ☐
13 = 2 · 2 + ☐
15 = 6 · 2 + ☐
☐ 19

Einmaleins mit 2

Kannst du auch diese Aufgabe rechnen?

Schreibe so:

Frage:

Rechnung:

Antwort:

1. Nils hängt 6 Paar Socken auf die Leine. Wie viele Socken sind das?

2. Beim Sportfest stellen sich die Kinder zu zweit in 10 Reihen auf.

5. Zum Muttertag kauft jedes der 3 Kinder für die Mutter eine Rose. Diese kostet 2 Euro. Sie haben 20 Euro.

3. In der Klasse sitzen die Kinder an Zweiertischen. Es sind 8 Tische in der Klasse. Wie viele Kinder können dort sitzen?

4. Neun Hasen haben wie viele Ohren?

6. Oma verteilt 18 Bonbons an 9 Kinder.

Einmaleins mit 2

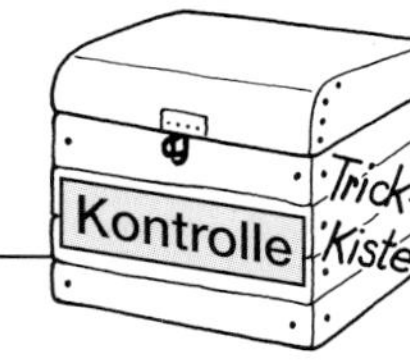

Kannst du es?

**1. Wie viele Beine haben die Tiere?
Schreibe die Plus- und die Malaufgabe.**

	+		+		=				·		=		

	+		+		+		+		+		=				·		=	

2. Schreibe die 2er-Reihe auf.

									20

3. Schreibe die Tauschaufgaben. Rechne aus.

2	·	7	=			·	2	=	
2	·	2	=			·	2	=	
2	·	5	=			·	2	=	
2	·	9	=			·	2	=	
2	·	6	=			·	2	=	
2	·	3	=			·	2	=	
2	·	8	=			·	2	=	
2	·	10	=			·	2	=	

Punkte:

Einmaleins mit 4

Schreibe zu jeder Plusaufgabe die Malaufgabe.

4	1 · 4 = 4
4 + 4 =	2 · 4 = ☐
4 + 4 + 4 =	3 · 4 = ☐
4 + 4 + 4 + 4 =	4 · ☐ = ☐
4 + 4 + 4 + 4 + 4 =	☐ · ☐ = ☐
4 + 4 + 4 + 4 + 4 + 4 =	☐ · ☐ = ☐
4 + 4 + 4 + 4 + 4 + 4 + 4 =	☐ · ☐ = ☐
4 + 4 + 4 + 4 + 4 + 4 + 4 + 4 =	☐ · ☐ = ☐
4 + 4 + 4 + 4 + 4 + 4 + 4 + 4 + 4 =	☐ · ☐ = ☐
4 + 4 + 4 + 4 + 4 + 4 + 4 + 4 + 4 + 4 =	☐ · ☐ = ☐

Trage die Ergebnisse ein.

•	3	6	7	4	8	2	1	9	10	5
4										

Persen® Bergedorfer®
Best.-Nr. 2479

Einmaleins mit 4

Merke dir diese drei Aufgaben.
Alle anderen kannst du dir errechnen.

1 · 4 = 4
2 · 4 = ☐
4 · 4 = ☐
8 · 4 = ☐

3 · 4 = 12
6 · 4 = ☐
7 · 4 = ☐

10 · 4 = 40
9 · 4 = ☐
5 · 4 = ☐

Das ist die Hälfte.

Du kannst verdoppeln.

→ Du rechnest: + 1 · 4
oder: – 1 · 4

Viele Wege führen zum Ziel!
Welcher Weg ist falsch?

7 · 4 = ?

5 · 4 = ☐
\+ 2 · 4 = ☐
☐ · 4 = ☐

2 · 7 = ☐
\+ 2 · 7 = ☐
☐ · 7 = ☐

8 · 4 = ☐
– 1 · 4 = ☐
☐ · ☐ = ☐

6 · 4 = ☐
\+ 1 · 4 = ☐

7 + 4 = ☐

4 · 7 = ☐

Einmaleins mit 4

Hier sind **4 · 10 = 40** Punkte aufgezeichnet.
Male jeweils 4 Punkte blau und 4 Punkt rot.

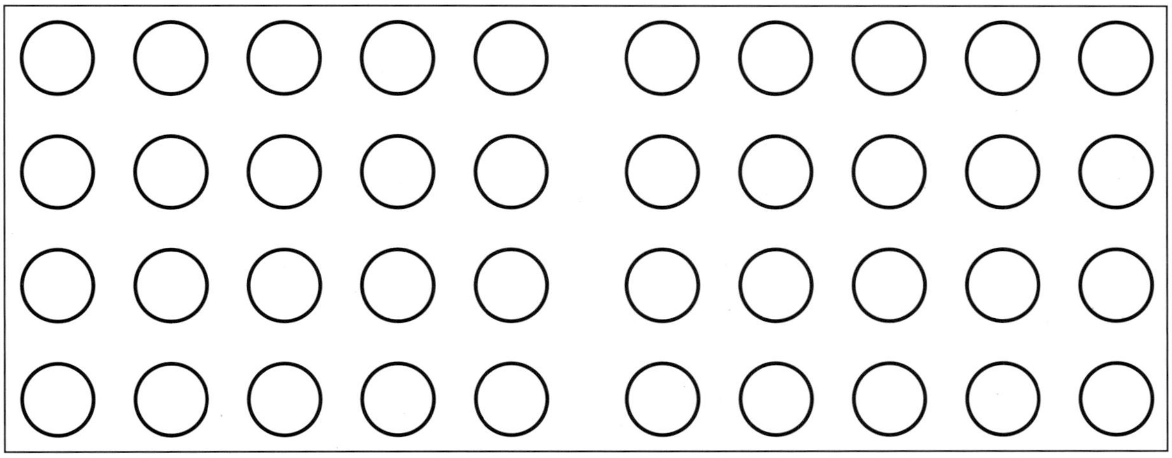

Schreibe die Zahlen bis 40 in die Kästchen!

1									10
									40

Umrahme die 4er Zahlen mit rot! Umrahme die 2er Zahlen mit grün! Manche Zahlen haben zwei Farben. Schreibe die Aufgaben auf.

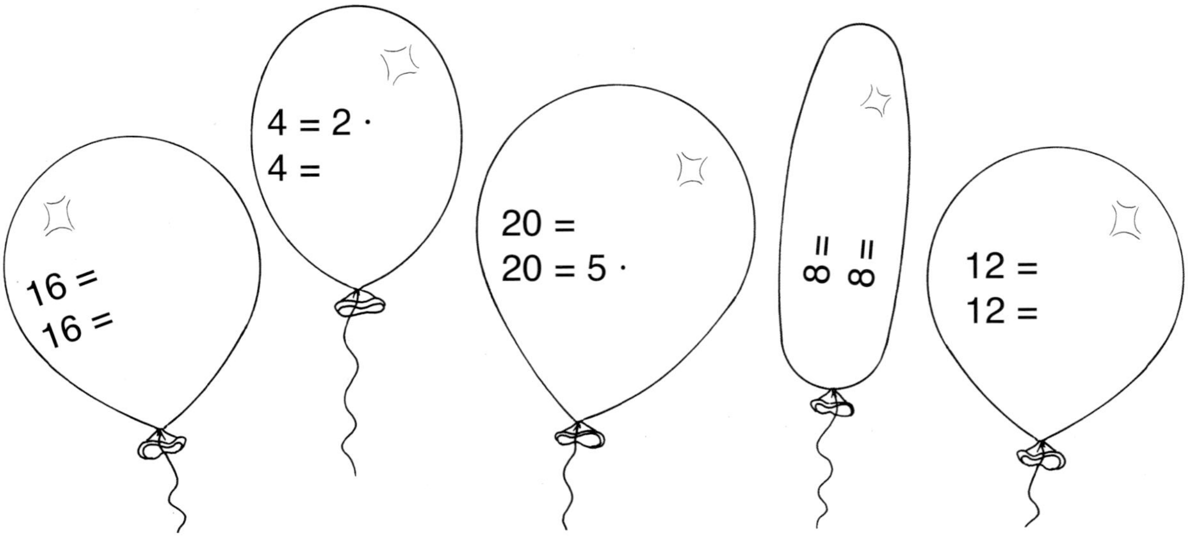

Einmaleins mit 4

Das Einmaleins der 4 ist das Doppelte vom Einmaleins der 2! ALSO: Verdopplungstrick!

verdoppeln →		
·	**2**	**4**
1		
2		
3		
4		
5		

verdoppeln →		
·	**2**	**4**
6		
7		
8		
9		
10		

Welche Zahlen gehören zur 2er und 4er Reihe? Male an.

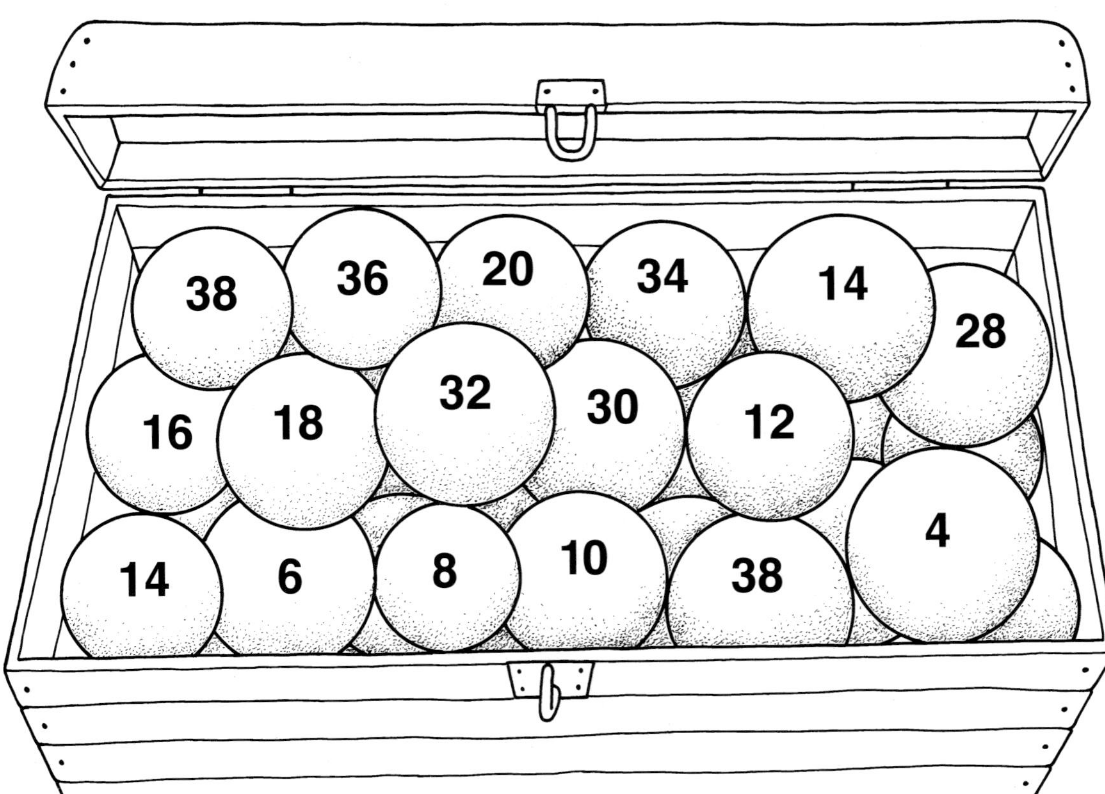

Persen® Bergedorfer®
Best.-Nr. 2479

Einmaleins mit 4

Schreibe schnell die Viererreihe auf:

vorwärts

	8								

rückwärts

								8	

Male die zusammengehörigen Karten mit der gleichen Farbe an.

$4 + 4 + 4 + 4 + 4 + 4$

$9 \cdot 4$

36

$4 + 4 + 4 + 4 + 4 + 4 + 4 + 4$

$5 \cdot 4$

32

$8 \cdot 4$

$4 + 4 + 4 + 4 + 4 + 4 + 4 + 4 + 4$

24

$6 \cdot 4$

20

$4 + 4 + 4 + 4 + 4$

Einmaleins mit 4

Trick-Kiste 6

Male an.

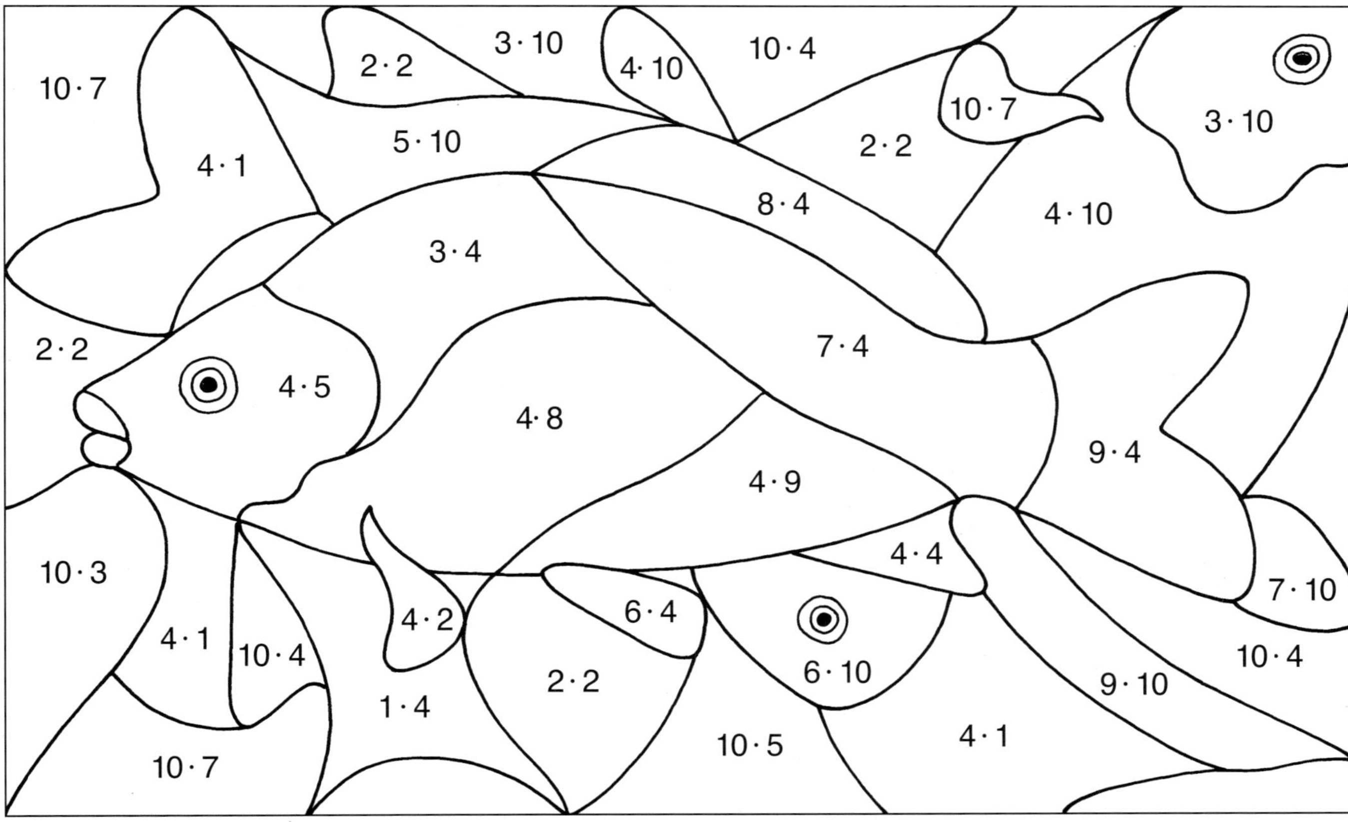

grün:	braun:	gelb:	rot:
32	24	28	12
16	8	20	36

Welche Reihe ist das? Ergänze.

Einmaleins mit 4

Verbinde.

5 · 4 =	4 + 4 + 4 + 4 =	16
9 · 4 =	4 · 10 =	20
3 · 4 =	4 · 6 =	28
2 · 4 =	4 · 8 =	36
10 · 4 =	4 + 4 =	12
6 · 4 =	4 · 7 =	32
8 · 4 =	4 · 5 =	40
7 · 4 =	4 · 3 =	24
4 · 4 =	4 · 9 =	8

Schreibe die Tauschaufgaben auf. Rechne.

5	·	4	=	4	·		=	
9	·	4	=		·		=	
	·		=		·		=	
	·		=		·		=	
	·		=		·		=	
	·		=		·		=	
	·		=		·		=	
	·		=		·		=	
	·		=		·		=	

Einmaleins mit 4

Streiche die falschen Ergebnisse durch.

3 · 4 = 12	7 · 4 = 28	1 · 4 = 1
6 · 4 = 12	5 · 4 = 20	2 · 4 = 8
6 · 4 = 24	4 · 7 = 14	9 · 4 = 32
8 · 4 = 32	9 · 4 = 36	4 · 4 = 16
4 · 9 = 36	4 · 2 = 8	3 · 4 = 12
4 · 4 = 16	4 · 1 = 4	4 · 8 = 32

Addiere die falschen Ergebnisse.
Welche Zahl erhältst du ?

[ ]

59

Verbinde die Zahlen der 4er Reihe miteinander.
Beginne bei 4.

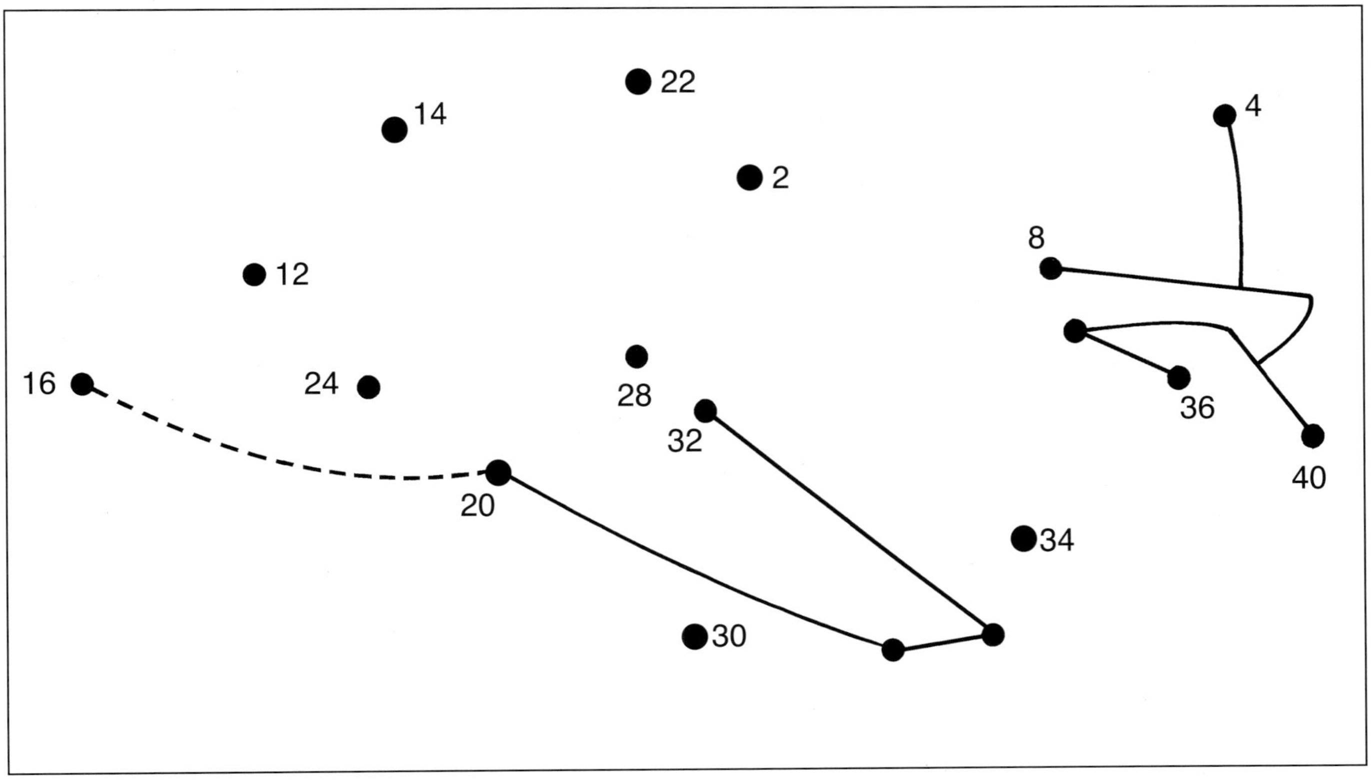

Einmaleins mit 4

Rechne. Welche Zahl bleibt übrig?

6 · 4 = 24	4 · 4 = ☐	4 · 7 = ☐	8 · 4 = ☐
7 · 4 = ☐	9 · 4 = ☐	6 · 4 = ☐	4 · 6 = ☐
5 · 4 = ☐	10 · 4 = ☐	4 · 4 = ☐	5 · 4 = ☐

12	16	20	~~24~~	28	36	40	☐

24	16	20	4	24	28	32	☐

Ergänze die fehlenden Zahlen.

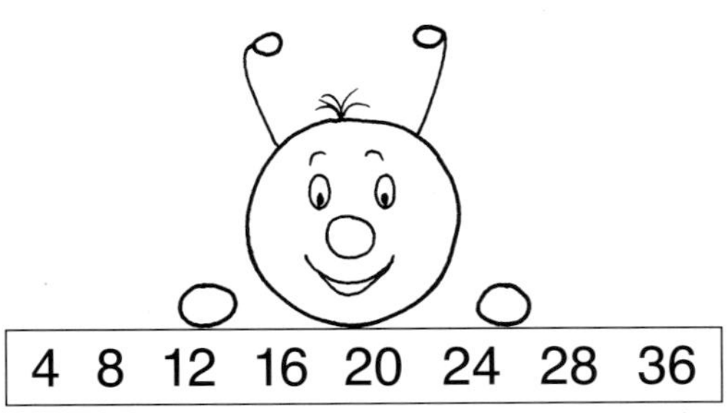

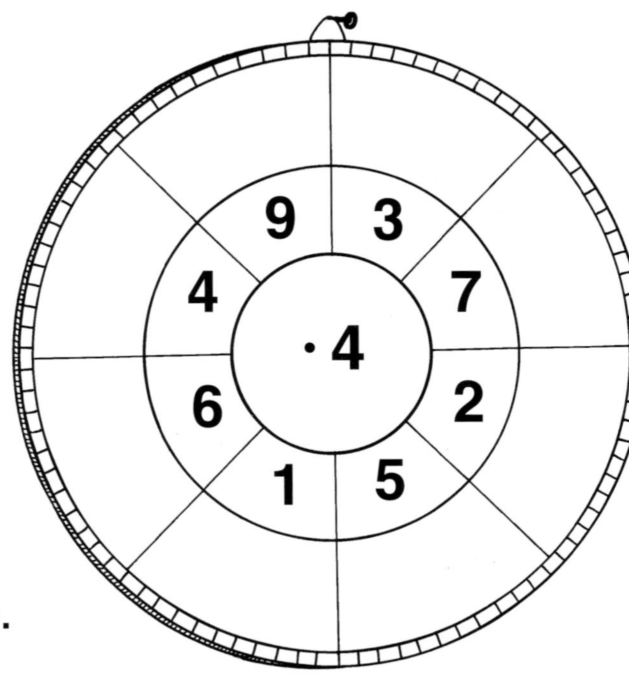

Male die Zahlen der 4er Reihe an.

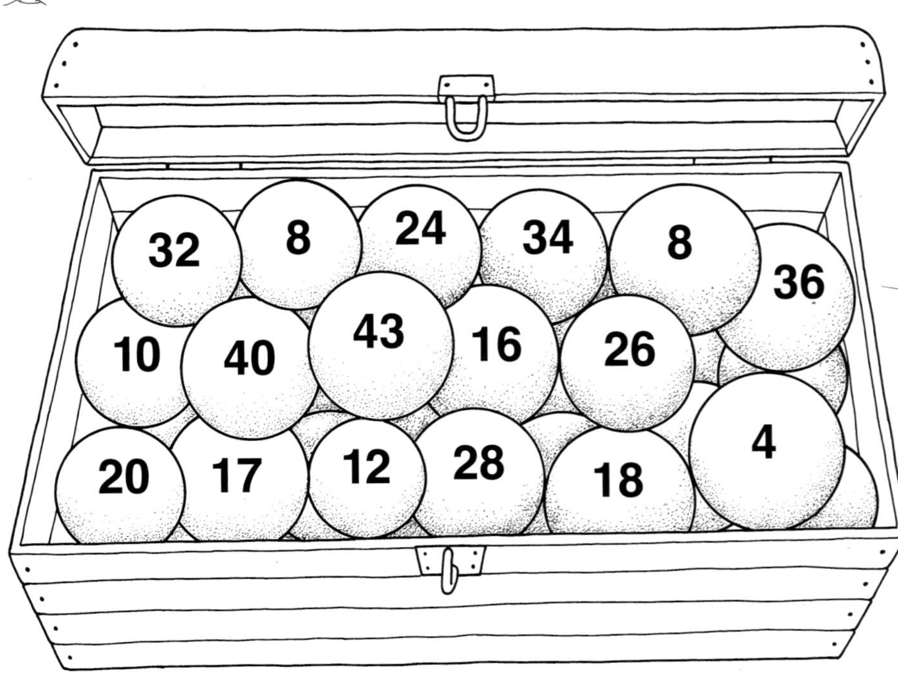

Persen® Bergedorfer®
Best.-Nr. 2479

Einmaleins mit 4

Kannst du auch diese Aufgaben rechnen?

Schreibe so:

Frage:

Rechnung:

Antwort:

1. Karl sortiert seine 10 Paar Strümpfe. Wie viele Strümpfe sind das?

2. Beim Sportfest stellen sich die Kinder zu viert in 8 Reihen auf.

3. Acht Hunde haben wie viele Beine?

4. Bea ist 4 mal so alt wie ihre kleine Schwester. Die Schwester ist 2 Jahre alt.

5. Petra bekommt jede Woche 5 Euro als Taschengeld. Sie gibt nur einmal 2 Euro für Stifte aus. Am Ende des Monats bringt sie den Rest zur Kasse. Auf ihrem Sparbuch sind bereits 52 Euro.

Persen® Bergedorfer®
Best.-Nr. 2479

Einmaleins mit 4

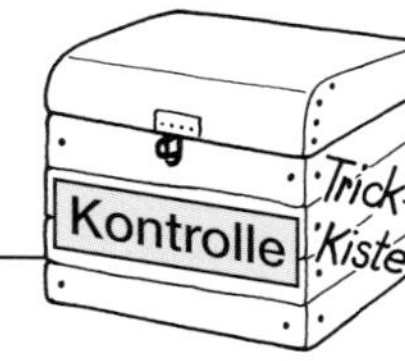

Kannst du es?

1. Rechne.

7 · 4 = ☐	8 · 4 = ☐	10 · 4 = ☐
2 · 4 = ☐	4 · 2 = ☐	4 · 7 = ☐
4 · 5 = ☐	4 · 9 = ☐	3 · 4 = ☐
4 · 4 = ☐	5 · 4 = ☐	4 · 6 = ☐

2. Schreibe die Einmaleinsreihen.

		6							
			16						
								90	

3. Was passt zusammen? Verbinde.

2 · 4 =	6 + 6 + 6 + 6 =	8
4 · 6 =	4 · 3 =	20
5 · 4 =	4 · 2 =	24
3 · 4 =	4 · 5 =	12

Einmaleins mit 5

Schreibe zu jeder Plusaufgabe die Malaufgabe.

5	[1] · [5] = [5]
5 + 5 =	[2] · [5] = [10]
5 + 5 + 5 =	[3] · [5] = [ ]
5 + 5 + 5 + 5 =	[ ] · [ ] = [ ]
5 + 5 + 5 + 5 + 5 =	[ ] · [ ] = [ ]
5 + 5 + 5 + 5 + 5 + 5 =	[ ] · [ ] = [ ]
5 + 5 + 5 + 5 + 5 + 5 + 5 =	[ ] · [ ] = [ ]
5 + 5 + 5 + 5 + 5 + 5 + 5 + 5 =	[ ] · [ ] = [ ]
5 + 5 + 5 + 5 + 5 + 5 + 5 + 5 + 5 =	[ ] · [ ] = [ ]
5 + 5 + 5 + 5 + 5 + 5 + 5 + 5 + 5 + 5 =	[ ] · [ ] = [ ]

Trage die Ergebnisse ein.

•	3	6	7	10	8	2	1	9	4	5
5										

Einmaleins mit 5

Trick 5:

Manchmal kannst du halbieren. Das Einmaleins der 5 ist die Hälfte vom Einmaleins der 10.

Schreibe die Zahlen von 1 bis 50 in die Kästchen.

1	2	3	4	5	6	7	8	9	10
									50

Rahme die 10er Zahlen grün ein. Rahme die 5er Zahlen rot ein.

Schreibe die Malaufgaben auf.

10 = 1 · 10 = 2 · ☐

20 = 2 · ☐ = ☐ · ☐

30 = ☐ · ☐ = ☐ · ☐

40 = ☐ · ☐ = ☐ · ☐

50 = ☐ · ☐ = ☐ · ☐

Trage die Zahlen ein. Was stellst du fest?

10er Reihe	10	20									
5er Reihe	5										

Einmaleins mit 5

die Hälfte

·	10	5
1		
2		
3		
4		
5		
6		
7		
8		
9		
10		

Welche Reihe ist das? Ergänze.

Einmaleins mit 5

Male an.

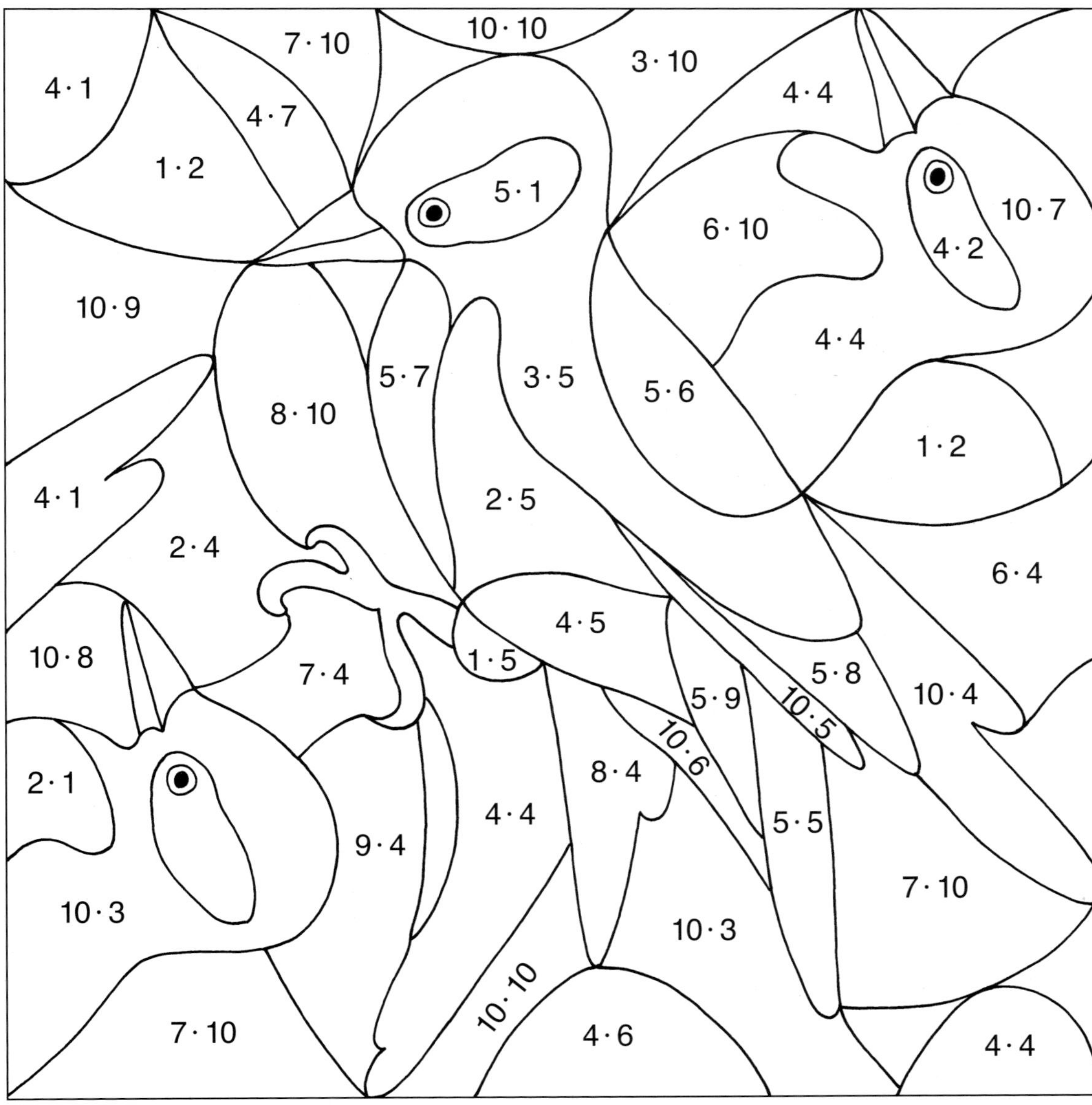

rot: 5, 25	gelb: 30, 20	grün: 10, 40	blau: 35, 50	braun: 15, 45

Trage die Ergebnisse ein.

•	3	7	6	5	9	2	4	1	10
5									

Bergedorfer® Best.-Nr. 2479

Einmaleins mit 5

 Halbieren!

 Verdoppeln!

·	10	5	2	4
1				
2				
3				
4				
5				
6				
7				
8				
9				
10				

 Welche Reihe ist das? Ergänze.

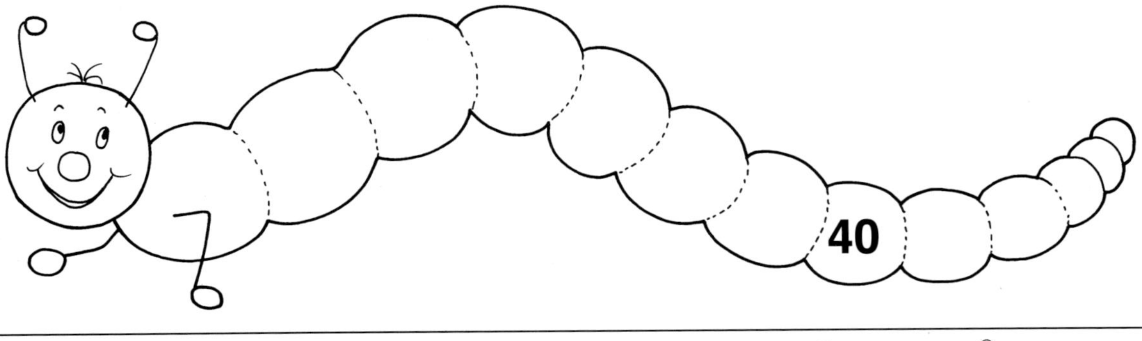

Einmaleins mit 5

Schreibe die Ergebnisse in die Kästchen.

·	2	4	5	10
1				
2				
4				
8				
5				
10				
3				
6				
7				
9				

Male alle Zahlen der 5er Reihe farbig an.

31 25 29 15 46 30 40 27 50 35 5 10 9 20 36 17 39 45 60 75

Persen® Bergedorfer®
Best.-Nr. 2479

Einmaleins mit 5

Wie kannst du diese Aufgaben noch rechnen?

	7 · 5	6 · 4	2 · 9
Trick 1: Plus rechnen	5 + 5 + 5 + 5 + 5 + 5 + 5 =		
Trick 2: Verdoppeln	———		
Trick 3: Tauschaufgabe	5 · 7 =		
Trick 4: Mal **und** Plus oder Minus rechnen	6 · 5 + 1 · 5 = 8 · 5 – 1 · 5 =		
Trick 5: Halbieren	7 · 10 = 7 · 5 =		

Rechne.

16 = 8 · ☐
50 = 5 · ☐
8 = 2 · ☐
Summe: 16

35 = 7 · ☐
20 = 2 · ☐
25 = 5 · ☐
Summe: 20

4 = 2 · ☐
30 = 3 · ☐
15 = 3 · ☐
Summe: 17

12 = 6 · ☐
10 = 5 · ☐
8 = 2 · ☐
Summe: 8

15 = 3 · ☐
20 = 2 · ☐
14 = 7 · ☐
Summe: 17

30 = 6 · ☐
12 = 3 · ☐
4 = 2 · ☐
Summe: 11

Einmaleins mit 5

Trick-Kiste 8

Welche Einmaleinsaufgaben findest du?

10	1 · 10	10 · 1	2 · 5	5 · 2		
12						
16						
20						
24						
25						
28						
30						
36						
40						

Male an.

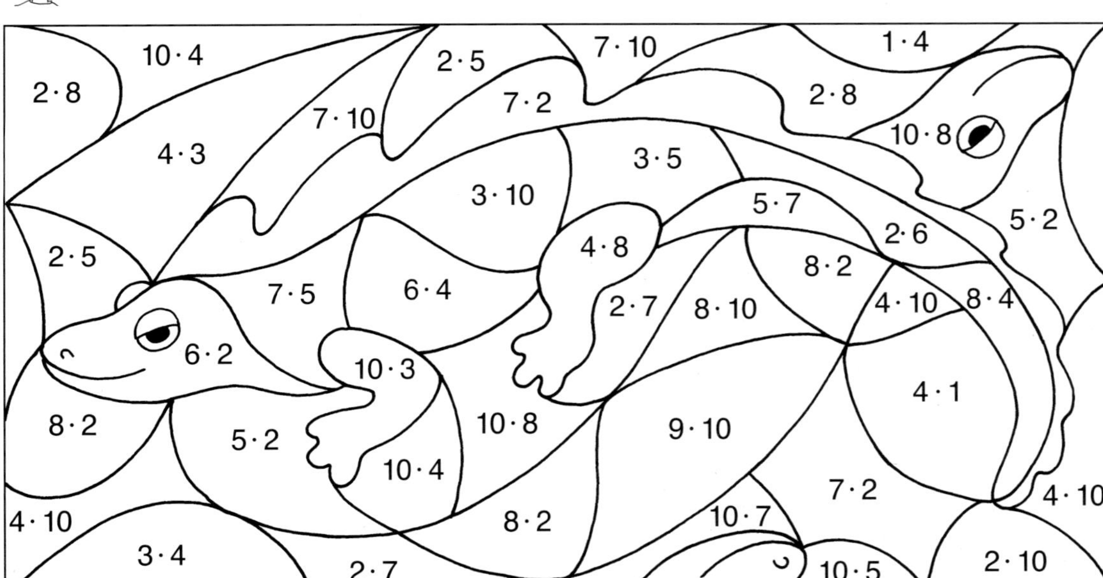

12 = grün

15 = rot

24 = orange

30 = braun

32 = blau

35 = gelb

Das

1. Einmaleins-Diplom

für

____

Du hast erfolgreich
die ersten Schritte
zum Einmaleins
geschafft.

Herzlichen Glückwunsch!

____

Dein(e) Lehrer(in)

Einmaleins

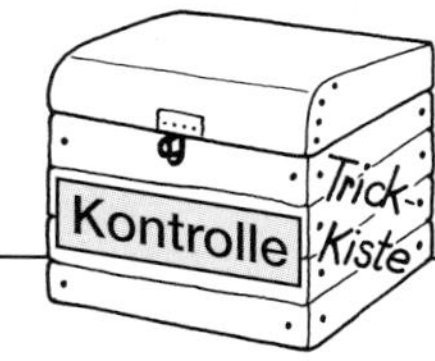

Kannst du es?

1. Welche Zahlen fehlen?

2. Rechne aus.

·	2	4	10	5
2				
4				
8				
10				
5				
9				
3				
6				
7				

3. Ayse ist 10 Jahre alt. Sie hat viele Geschwister. Der älteste Bruder ist doppelt so alt wie sie. Die jüngste Schwester ist halb so alt wie sie. Wie alt ist der Bruder? Wie alt ist die Schwester?

Der Bruder ist ☐ Jahre alt.

Die Schwester ist ☐ Jahre alt.

Übungskarten zum Einmaleins mit 2

5 · 2

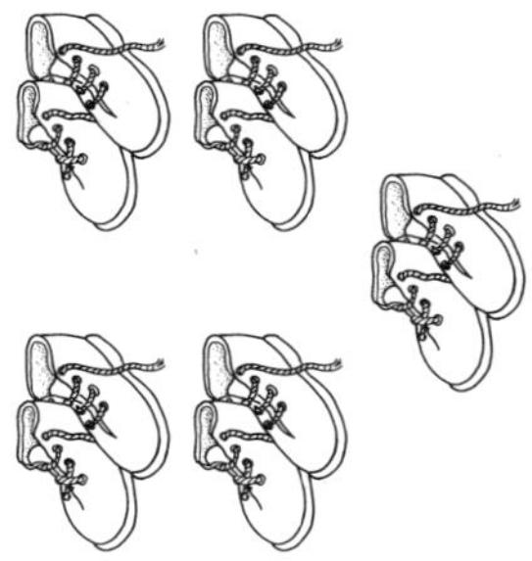

4 · 2

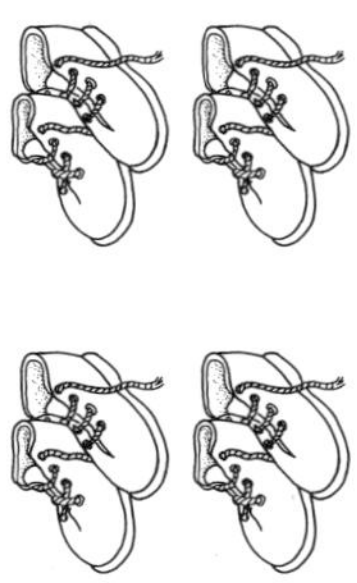

3 · 2

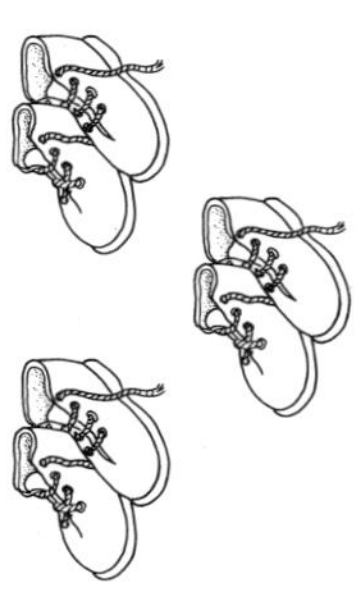

2 · 2

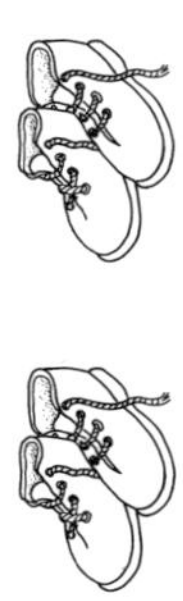

1 · 2

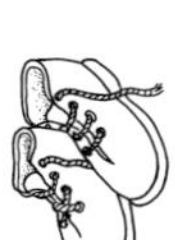

10 · 2

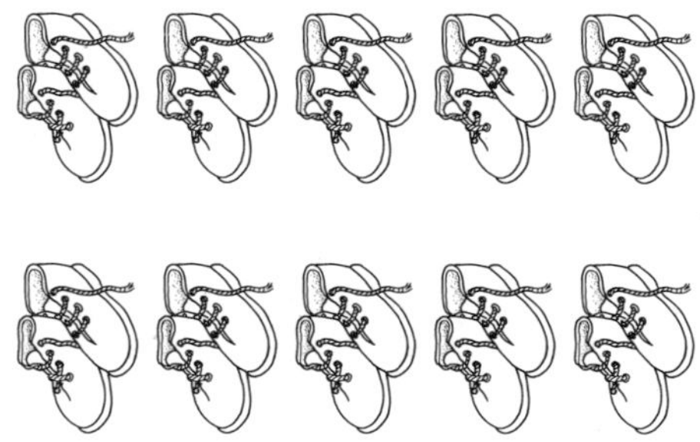

9 · 2

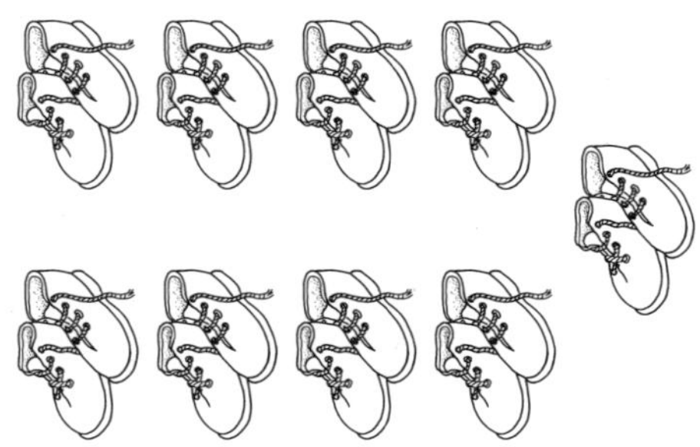

8 · 2

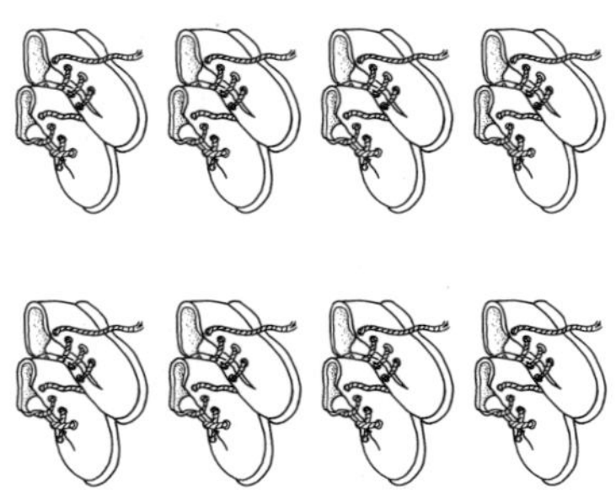

7 · 2

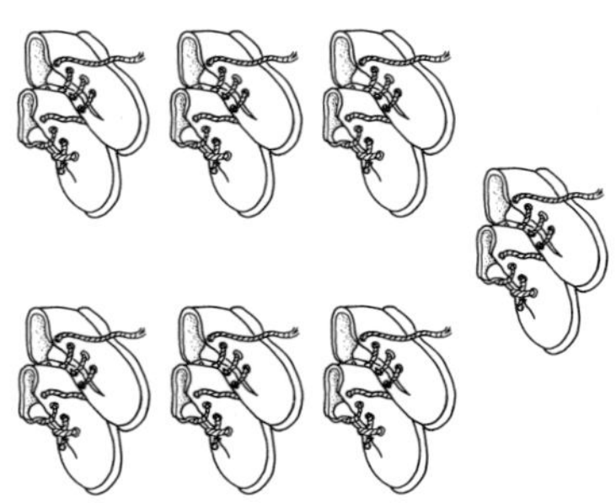

6 · 2

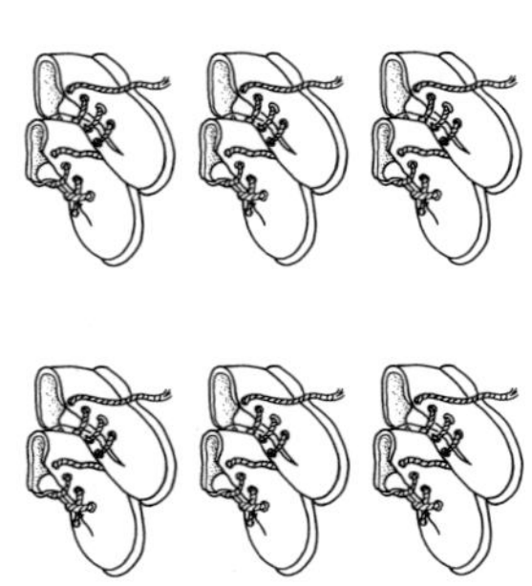

Auf die Rückseite des Aufgabenblattes (Seite 55) kleben und ausschneiden!

20	10
18	8
16	6
14	4
12	2

Übungskarten zum Einmaleins mit 5

5 · 5

10 · 5

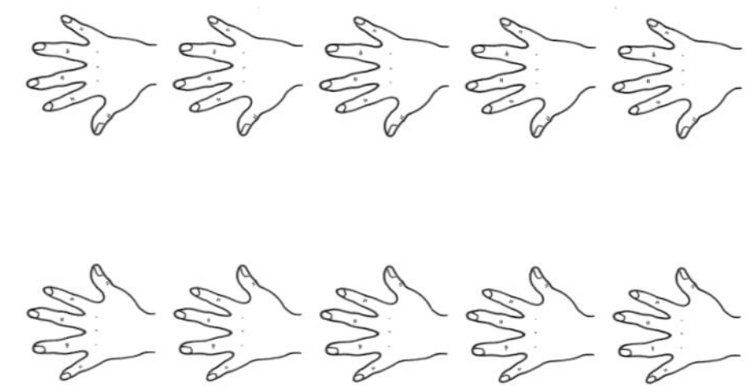

4 · 5

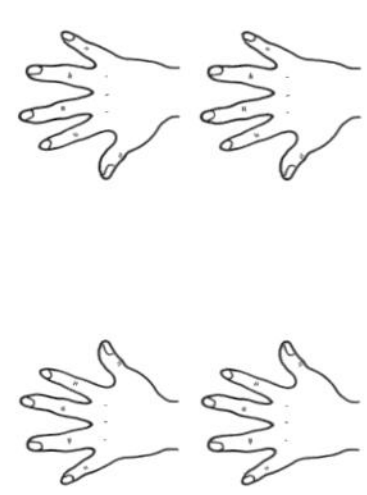

9 · 5

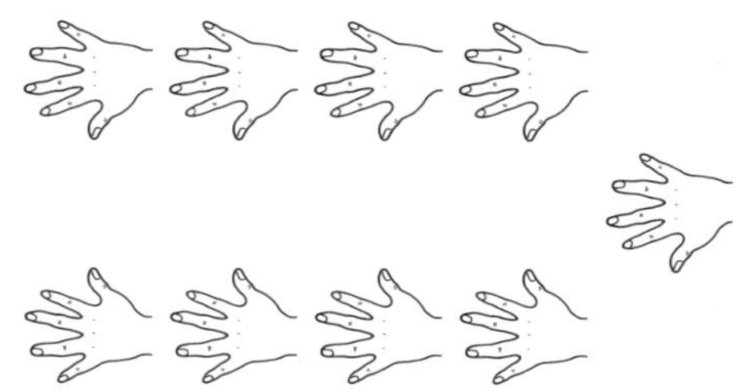

3 · 5

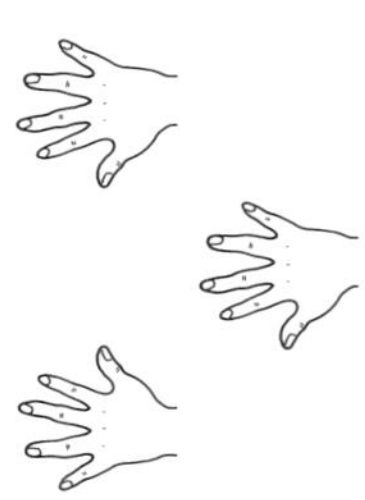

8 · 5

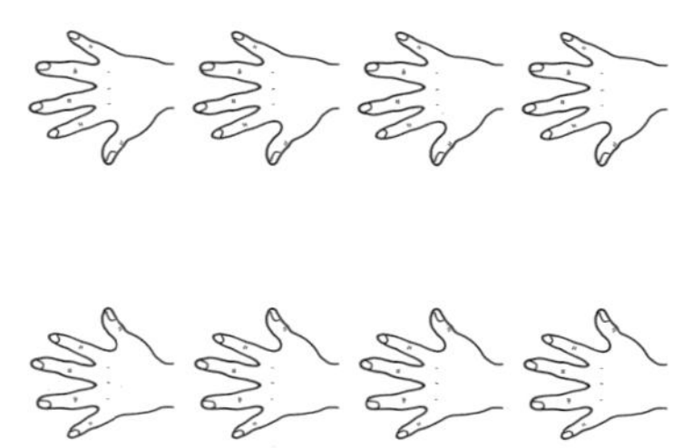

2 · 5

7 · 5

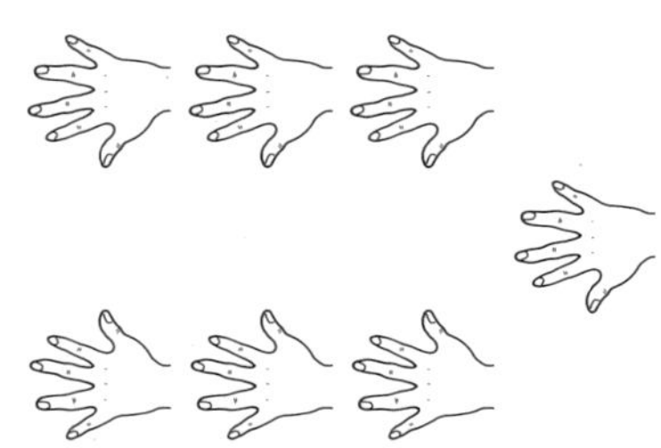

1 · 5

6 · 5

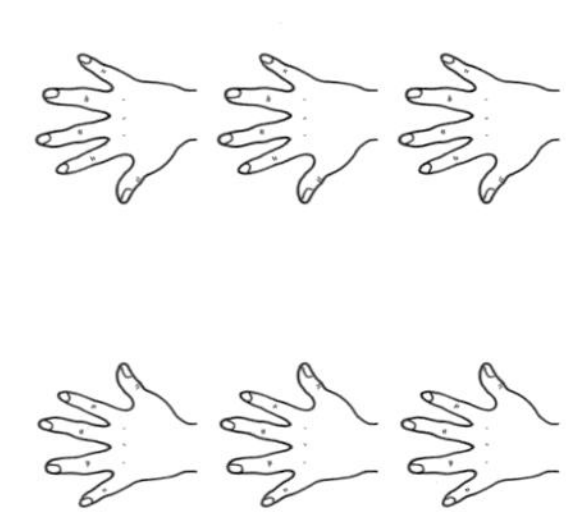

Auf die Rückseite des Aufgabenblattes (Seite 57) kleben und ausschneiden!

50	25
45	20
40	15
35	10
30	5

Blanko-Felder für Übungskarten